일본 요괴문화 상품이 되다

김진영·고영란·최태화
방운학·인단비·편용우

도서출판 시간의물레

더 파울린 프로젝트 2

일본 요괴 문화 상품이 되다

日本妖怪文化

김진영·고영란·최태화
방운학·인단비·편용우

시간의물레

Prologue

- 최태화 -

전자게임이나 애니메이션의 인기는 대개 찻잔 속의 태풍처럼 일정한 경계를 넘지 못하고, 일정한 팬 층을 중심으로 향유되고 사라져 간다. 그러나 〈슈퍼마리오〉, 〈스타크래프트〉, 〈이웃집 토토로〉와 같은 몇몇 게임과 애니메이션들은 티핑 포인트(Tipping Point)를 넘겨 사회현상으로 번져나가기도 한다. 근래에 선풍적인 인기를 끌었던 〈포켓몬 GO(Pokémon GO)〉 또한 임계점을 훨씬 넘어버린 사회현상이 되었다. 이러한 현상이 단순히 포켓몬GO라는 게임하나로 끝나버릴 것이라면 스쳐 지나가는 유행이라고 치부하면 그만일 것이다. 그러나 패스트 패션을 리드하는 'ZARA' 또한 처음에는 일시적이고 그러다 말 것이며, 곧 사라질 유행으로 치부되던 시절이 있었다.

'더 파울린 프로젝트'는 포켓몬GO 현상이 일회성이며 일시적인 것이라고 판단하지 않고, 오히려 포켓몬GO가 독자들에게 일본문화에 대한 진지하고 편견 없는 이해의 폭을 넓힐 수 있는 기회로 보았다. 더 파울린은 고려대학교 대학원 일어일문학과 출신의 연구자들로 이루어진 일본문화연구회가 이 책을 기획하기 위한 프로젝트의 코드네임이다.

프로젝트명은 '일본 요괴문화를 찾으러 가는 프로젝트'라는 의미로서 마리오가 동키 콩에게 납치된 여자 친구 '파울린'을 찾으러 가는 것에서 가져왔다. 마리오가 납치된 파울린을 찾으러 모험을 떠나 듯, 우리는 일본의 서브컬쳐였던 요괴문화가 만화와 애니메이션, 게임 등을 통해 메인컬쳐로 시민권을 얻게 되는 과정과 닌텐도 같은 게임회사에서 요괴를 어떻게 산업화시켰는지를 찾으러 가보고자 한다.

먼저 상상속의 요괴를 캐릭터화시켜 상품으로 만들어 가는 과정을 확인하기 위해 제1장 '캐릭터화 된 일본의 요괴문화'를 준비했다. 제2장 '일본 만화와 요괴 정복의 세계'에서는 이렇게 만들어진 캐릭터에 스토리를 입혀 하나의 콘텐츠로 만들어가는 양상을 살펴볼 것이다. 제3장 '닌텐도의 힘', 제4장 '게임의 세계와 포켓몬GO', 제5장 '스마트 시대와 요괴', 제6장 '고전에서 찾아보는 포켓몬스터의 성공비밀'은 하나의 문화콘텐츠로 성립된 일본 요괴문화를 일본의 게임회사가 어떻게 활용하여 왔는지에 대해 다양한 시점에서 분석을 시도할 것이다.

대중문화를 향유하는 것은 즐거운 일이고 어렵지 않은 일이다. 그러나 이를 진지하게 분석하고 이해하는 일은 쉽지 않다. 대중문화는 빙산이다. 모든 대중문화는 눈에 보이는 현상의 수십 배에 달하는 보이지 않는 뿌리가 존재한다. 이렇게 복잡하게 각기 다른 모습으로 발현되는 각종 일본문화의 현상들에 대해서, 적어도 하나의 뿌리라도 이해할 수 있는 유용한 잣대가 될 수 있다면 '더 파울린'은 성공한 프로젝트로 기억될 것이다.

책을 기획하며

일본정부관광국(JNTO)에 따르면 2017년 한국인 방일 여행객 수가 사상 처음으로 700만을 돌파했다고 한다. 한국인 방일 여행객 수는 2009년 2월 추계치인 106,900명에서 꾸준히 증가하여, 2016년에는 5,090,300명, 2017년에는 약 200만 명(40.3%)이 늘어난 7,140,200명으로 최근 오사카(大阪), 홋카이도(北海道) 지역의 지진과 폭우의 여파로 방일 여행객 수는 잠시 주춤해 보이지만, 한국인 방일 여행객 수는 여전히 세계 1순위를 지키고 있다.

　특히 요즘 들어 10대 청소년들의 모습도 심심찮게 보인다. 그들이 주로 찾는 곳은 SNS 등에 소개된 유명 맛집과 그들의 문화인 전자 게임과 애니메이션 캐릭터 상품들이 즐비한 상점가 등 그들이 찾는 곳은 실로 다양하다. 한 해 약 700만에 육박하는 한국인 여행객이 국내 여행만큼이나 부담 없이 일본을 찾고, 일본을 소비하고 있다.

　우리가 소비하는 일본, 그리고 일본문화의 현재를 이해한다는 것은 그 본질이 되는 과거와 미래로 이어지는 발전 과정을 통한 명확한 분석이 뒷받침 되어야 한다. 지금까지의 일본문화는 일부 연구자들만을 위한 것이었고, 대다수의 대중들은 접할 기회가 그리 많지 않았다. 이 책 발간의 이유는 바로 여기에 있다.

　고려대학교 대학원 일어일문학과 출신으로 구성된 일본문화연구회는 그동안 이웃 나라 일본을 제대로 파악하기 위해, 현재 가장 시의성 있는 이슈에서부터 특별히 문제 삼을 일도 없었던 작은 문화 코드에 이르기까지 일본을 관통하고 있는 모든 코드를 망라하여 정기적으로 발표와 토론을 진행해 왔다. 현재 각 대학에서 열정적으로 활동 중인 11명의 일본 전공자가 일본 대중문화에 관한 최근의 문제점을 인식하고, 일본문화에 대한 정확한 지식과 냉철한 통찰력을 바탕으로 각자의 학문적 차원에서 다양한 접근과 관심들을 피로하였다.

　이 책은 1권 『진짜 일본은 요괴문화 속에 있다』, 2권 『일본 요괴문화 상품이 되다』로 구성되었다. 1, 2권 순서대로 읽을 필요가 없으며, 독자는 자신의 관심에 따라 선택하여 읽을 수 있다. 특히 이번 편집 기획은 일본 요괴문화의 역사적 전개와 상품화의 과정들을 살펴보면서, 일본 요괴문화의 저변에는 그들만이 가능한 것, 그들이기 때문에 가질 수밖에 없었던 일본문화의 조각들을 발견하고자 하였다. 우리는 그것들의 의미를 되짚어보고 우리가 그동안 가져왔던 일본문화에 대한 수용, 혹은 굴절되어 온 인식에 대해 다시 정리해보는 시간을 갖고자 했다.

　이 책을 기획하며 우리는 전국시대에 편찬된 『손자병법』 모공편(謀攻篇)에 기록되어 있는 '지피지기(知彼知己) 백전불태(百戰不殆)' 즉, 적과 아군의 실정을 잘 비교 검토한 후, 승산이 있을 때 싸운다면 백 번을 싸워도 절대 위태롭지 않다는 명언과 함께, 45전 무패의 전쟁 신화를 남긴 영웅 충무공 이순신 장군의 '지피지기(知己知彼) 백전백승(百戰百勝)'이라는 기록을 기억한다.

　오랜 전란으로 국가의 존망이 위협받고 있을 때 이순신 장군은 『난중일기』〈갑오일기〉말미에 '知己不知彼 一勝一負 不己不知彼 每戰必敗 此萬古不易之論' 즉, '나를 알고 적을 알면 백 번을 싸워도 다 이길 것이요. 나를 알고 적을 모르면 1승 1패요. 나를 모르고 적도 모르면 매번 반드시 패하게 되니 이것이 만고의 변함없는 이치'라며 우리에게 눈물로 당부한 선인의 가르침을 본받아, 우리에게 '앎'이 얼마나 중요하며 살아가는 처세가 되는지를 가슴 깊이 되새겨 본다.

최근 세상은 급변하고 있다. 역사상 최대의 비극인 제2차 세계대전 종전으로부터 어언 70년이 지났고, 전 세계에서 유일한 분단국이었던 남한과 북한도 2018년 9월 19일 평양 공동 선언문을 통해 '암묵적 종전 선언'이 합의되었다. 더 이상의 세계대전의 위협은 제거된 듯하다.

'지구촌'이라는 단어가 일상어가 되어버린 지금, 세계는 그 어느 때보다 가까워졌으며, 낯선 사상과 입장은 서로의 벽과 경계를 허물고 인간이라는 종이 함께 살아가는 하나의 공간으로 인식하게 되었다. 그러나 여전히 현실은 국가나 민족 단위로 움직이고 있으며 각 지역 간의 문화는 때로는 첨예하게 대립하거나, 혹은 연합하면서 긴밀한 관계를 지속하고 있다. 문화의 속성이 그러하듯 다양한 문화가 공존하는 지구촌의 문화는 동질성이 있으니 상대적으로 이질성도 있기 마련이다. 문화의 다양성을 객관적으로 이해하기 위해서는 왜곡과 편협이 재단된 올바른 '앎'이 바탕이 되어야 할 것이다. 이를 위한 첫걸음으로 더 파울린 프로젝트 1, 2권이 출간되었고, 이후에도 우리의 걸음은 계속될 것이다.

책이 나오기까지 많은 분들이 도움을 주셨다. 그림 자료 게재를 허락하여 주신 국제일본문화연구센터(国際日本文化研究センター)와 좋은 책을 만들기 위해 애써 주신 시간의물레 대표님과 편집부 여러분께 감사 말씀 드린다. 그 외에도 격려와 도움을 주신 많은 분이 계시지만 일일이 존함을 밝히지 못하여 죄송스러운 마음이다. 이후에 크게 보답할 날을 기대하며 깊은 감사의 인사를 드린다.

2018년을 마무리하며
편집기획자 김진영

ConTents

◆ Prologue (4)
◆ 책을 기획하며 (7)

1. 캐릭터화된 일본의 요괴문화 - 공포의 대상에서 유희의 대상으로

- 문화의 다양성과 상대성, 그러나 인류의 보편적 가치를 생각한다 (14)
- 문화가 상품이 되는 시대가 되었다 (17)
- 요괴문화의 배경은 공존과 소통이다 (19)
- 일본의 조령(祖靈)신앙과 요괴문화, 근대화의 과정 속에서 새롭게 정의되다 (23)
- 기호로서의 요괴문화, 캐릭터 산업의 바탕이 되다 (25)
- 요괴문화는 일본적 치유와 회복의 과정이었다 (29)
- 일본인의 상상력과 캐릭터의 조합 (33)
- 상상을 초월하는 다수 다종의 캐릭터들 (40)

2. 일본 만화와 요괴 정복의 세계

- 나를 위협하는 요괴, 그를 탐색하다 (50)
- 요고 만화의 원조 게게게의 키타로(ゲゲゲの鬼太郎) (56)
- 이승과 영계, 그리고 마계를 넘나드는 유유백서(幽遊白書), 요괴를 정복하고 사랑을 완성하는 이누야샤(犬夜叉) (64)
- 포켓몬GO에 요괴문화가 투영되기까지 (71)

3. 닌텐도의 힘 - 게임의 본질을 알다. 착한 친구인 척하다

- 우리도 닌텐도와 같은 게임기를 개발하자 (76)
- 임천당(任天堂)과 NINTENDO (77)
- 닌텐도의 시작 (78)
- 게임의 본질 | 갬블 | 인간의 본성 | 제제대상 (80)
- 규제의 풍선효과 - 다른 방식의 게임 등장 (81)
- 일본회사의 힘 데릴사위 풍습 (83)
- 화투집 도련님 히로시의 리빌딩 (84)
- 가업(家業)에서 기업(企業)으로 - 시행착오와 회귀 (85)

- 닌텐도 전자오락의 원점 - 게임&워치 (88)
- 패미컴과 슈퍼마리오 (93)
- 플레이스테이션과 파이널 판타지7 (101)
- 마이크로소프트의 참전, 세가의 항복, 닌텐도의 위기 (104)
- 게임보이와 포켓몬스터 (106)
- 닌텐도DS (111)
- 닌텐도DS와 두뇌 트레이닝 (112)
- 닌텐도Wii (114)
- 질문에 대답하다 (118)

4. 게임의 세계와 포켓몬GO

- 게임이란 (122)
- 게임의 장르와 하드웨어 (125)
- 게임의 소재적 장르 (138)
- 증강현실 (152)
- 현실과 가상의 경계 (160)
- 증강현실과 포켓몬GO (166)
- 증강현실게임의 미래 (171)

5. 스마트 시대와 요괴

- 포켓몬에서 포켓몬GO까지 (183)
- 닌텐도의 게임 철학과 포켓몬의 발전 (185)
- 현실과 허구를 가리지 않는 가상 캐릭터 (187)
- 수집류 게임과 요괴의 미래 (190)

6. 고전에서 찾아보는 포켓몬스터의 성공비밀

- '원 소스 멀티 유즈'의 시작 - 일본의 에도시대 (198)
- 지속적인 인기 - 세계(世界)의 확장성 (203)
- 수집, 육성, 대결, 교환 (209)
- 포켓몬, 닌텐도와 만나 자연과 어울리다 (213)

◆ Epilogue (216)

11

*일러두기

게임과 영화 제목은 〈 〉, 책 제목은 『 』, 논문 제목은 「 」로 표기했습니다.

1.

캐릭터화된 일본의 요괴문화[*]

공포의 대상에서 유희의 대상으로

김진영

---

[*] 이 글은 2017년도 정부의 재원으로 한국연구재단의 지원을 받아 수행된 연구결과임 (NFR-2017S1A5B5A07063941).

김진영

문화의 다양성과 상대성, 그러나 인류의 보편적 가치를 생각한다.

이 글의 골자는 문화의 다양성이다. 이 세상에는 실로 많은 문화들이 공존하고 있다. 문화가 이처럼 다양한 만큼 수용 방법 또한 상대적일 수밖에 없다. 2001년 프랑스 파리에서 열린 제31차 유네스코 총회에서 발표한 「세계 문화 다양성 선언」 이후, 각국의 유·무형의 문화유산은 세계 문화유산 등재를 위해 앞다투어 경쟁하고 있다. 각국의 문화 정책은 매우 치밀하고 전략적이다. 오늘날 가속화 되고 있는 문화의 세계화 현상 속에서 문화의 다양성과 상대성을 인지하고, 다른 문화와 다른 배경을 지닌 사람들 간의 문화적 갈등에 대해 효과적으로 대처하는 문화 전략적 사고가 필요한 때이다.

문화의 다양성을 인정한다는 것은 문화적 차이는 있으나, 우열을 평가할 대상이 아니라는 것이다. 강대국의 문화든

약소국의 문화든 차별 없이 인류가 창출해온 모든 유·무형의 유산은 인류의 경험과 염원에 대한 기록으로 잘 보존되어야 하며, 인류 공동의 유산으로 미래 세대에게 잘 전달되어야 한다.

그렇다면 문화란 무엇인가? 문화에 대한 정의는 많은 사람들에 의해 정의되어 왔다. 예를 들면, 타일러(Tylor, 1871)는 '지식, 신앙, 예술, 법률, 도덕, 관습 그리고 사회의 한 구성원인 인간에 의해 얻어진 모든 능력이나 관습들을 포함하는 복합 총체'라고 했으며, 브룩스(Brooks, 1986)는 '한 사회의 구성원이 공유하는 생활양식의 총체'라고 설명한다. 또한 홀(Hall, 2000)은 '한 민족의 생활 방식, 즉 그들이 습득한 행동 양식, 태도, 물질적인 것을 총칭하는 것'이라고 했다.

이렇듯 사람마다 문화의 정의는 조금씩 다르지만 공통적으로 들어가는 개념어가 하나 있다. 그것은 소위 말하는 총체·총칭이라는 개념어이다. 왜 이렇게 문화의 개념어로 총체성을 강조하는 것일까? 그것은 아마도 자본주의 사회가 문화의 범주를 너무나 좁히고 있기 때문은 아닐까라는 생각을 해본다. 우리가 문화를 이야기할 때, 일부 대중문화콘텐츠에 국한시켜 이야기하는 경우가 많은 것도 사실이다.

또한 우리가 바라보는 문화는 자의적인 대상 설정과 지엽적인 토의로 매우 왜곡되어 있다. 이처럼 문화는 많은 부분 타자에 의해 결정되고 있다. 그러나 '그 문화가 그러한 까닭은 그 문화이기 때문'이다.

최근 대두되고 있는 국제 분쟁, 지역 간의 갈등 등의 민감한 사안들도 타 문화에 대한 인식과 이해가 부족했기 때문이다.

해결방안은 우리 안에 있다. 과거의 것들을 복원해야 한다면 어떤 의미와 가치가 있는 것인지, 여기에 덧붙여 인류 보편의 가치를 먼저 생각해야 할 것이다. 또한 애써 기억해야 하는 것들은 모두 현재적으로 의미가 있기 때문에 문화인 것이며, 현존하는 것이 맘에 들지 않아도 그것 역시 하나의 문화라는 것을 인정해야 할 것이다.

사실 문화는 우리가 감지하기 어려울 만큼 우리의 사고 자체 모든 것이 문화의 범주 안에서 이루어지고 있다. 문화는 우리의 생활양식과 행동양식, 그리고 물질적인 것을 포함하여 그 안에 담긴 의미와 정신 이상의 것을 모두 포괄하고 있기 때문이다.

문화가 상품이 되는
시대가 되었다

　제2차 세계 대전 종전 70년을 맞이한 지금 21세기는 바야흐로 문화전쟁의 시대라고 해도 과언이 아니다. 현재 세계 각국의 문화 정책은 자국의 패권 쟁취를 위해 희생을 강요하고 살생을 자행하는 과거의 전쟁만큼이나 공격적이다. 각 나라는 자국 문화의 상품화를 통해 문화를 홍보하고 부가가치를 높이는 일에 국가 역량을 집결시키고 있다. 이것이 곧 경제 대국으로 나아가는 승리의 길이기 때문이다.
　한국도 문화콘텐츠산업에 적극적으로 개입하고 있다. 1990년 후반의 '한류열풍'에 이어 지금도 영화, 음반, 드라마 등의 수출이 급신장세를 보이고 있다. 최근에는 K팝, K드라마, K뷰티, K푸드 등 다방면에서 신종어를 창출해 내고 있는 만큼 세계적인 대중문화 장르로 정착해 가고 있다.
　일본의 경우 대표 문화 상품이라고 할 수 있는 요괴산업은 2016년 포켓몬GO 출시로 일약 세계적인 대중문화 장르로 급부상하였다. 여기서 우리는 가까운 이웃 나라의 요괴산업을 요괴문화라는 총체론적 접근을 통해 그 범주와 항목의 체계들이 어떻게 생겨났는지를 함께 생각해 볼 필요가 있다.

일본은 '요괴산업'이라는 산업군(群)이 따로 분류되어 있을 정도로 '요괴'는 오랜 역사와 전통을 지닌 일본 고유의 문화이자, 엄청난 부가가치를 창출하고 있는 문화콘텐츠의 주력 소재이기도 하다. 그렇다면 먼저 일본 요괴산업의 과정을 살펴보기로 하자.

일본의 요괴산업은 1970년대 이후 요괴 캐릭터를 이용한 산업 붐이 서서히 태동을 시작하여, 거의 반세기가 지난 현재의 요괴산업 붐은 포켓몬GO 출시와 함께 정점을 찍었다고 할 정도로 요괴 캐릭터 산업은 포화 상태다. 그런데 포켓몬GO는 일본의 요괴산업에 증강현실(AR)이라는 새로운 기술이 도입되었다는 점에서 매우 획기적인 게임이 아닐 수 없다.

최근의 포켓몬GO 현상을 직시하면서 일본의 요괴문화가 어떠한 문화적 토대 위에 형성되었는지에 대한 역사적 과정과, 이후 요괴라는 문화콘텐츠가 산업화되어 가는 과정에서 어떠한 전략이 이용되었는지 궁금해진다. 이는 요괴문화를 생산하고 소비해온 문화 수용자들의 과거와 현재, 그리고 미래를 예측할 수 있는 근거를 제시해 줄 것으로 보기 때문이다. 이제는 문화 속 '요괴' 코드와 그 현상들을(포켓몬GO 현상) 문화라는 관점에서 접근하여 그 본질에 대한 분석과 함께, 향후 이러한 문화적 현상은 어떤 방향으로 나아가게 될지에 대한 실제적 물음을 던져야 할 시기가 되었다.

그동안 우리는 스마트폰을 들고 포켓몬GO 게임을 즐기지만, 정작 열심히 잡으러 다니는 포켓몬스터를 만들어낸 일본인의 의식 구조와 문화적 토양, 나아가 요괴 캐릭터가 어떠한 생성원리를 통해 만들어지고 발전되어 왔는지에 대한 이해가 부족했다. 일본의 요괴산업이 어떻게 전략적으로 제품화되어 가고 소비되어 왔는지에 대한 해명이 요구되어야 할 것이다.

요괴문화의 배경은 공존과 소통이다

일본만큼 요괴 사랑에 심취되어 있는 나라가 있을까? 2016년 리우 올림픽 폐막식에서 차기 개최지인 일본의 아베 총리가 슈퍼마리오 복장으로 깜짝 출연한 모습은 가히 인상적이라 할 수 있을 것이다.

2020년 도쿄 올림픽 홍보영상에는 일본 유명 축구 만화 〈캡틴 츠바사〉의 캐릭터들이 나와 트윈슛을 날렸으며,

1980년 간판 게임이었던 〈팩맨〉의 몬스터들이 육상 경기를 펼쳤다. 일본의 간판 캐릭터인 도라에몽, 헬로키티 등 일본이 자랑하는 대중문화 아이콘들을 활용한 홍보 전략은 또 다른 신선한 충격을 전해 주었다. 일본의 캐릭터문화 산업은 이번 아베 총리의 슈퍼마리오 코스프레를 통해 일본의 소프트파워의 위상을 전 세계에 다시 한 번 알리는 결과가 되었다.

〈캡틴 츠바사〉*

〈팩맨〉*

일본인의 요괴 사랑은 우리가 상상하는 것 이상으로 대단하다. 각 지역마다 각종 신을 모시고 있는 신사(神社)가 있고, 그곳에서는 매년 각종 신들을 모시는 제례의식과 연중행사가 행해지고 있다. 특히 전 세계적으로 유례가 없는 일본 전통의 주술적 감성인 '도구 공양'이라는 독특한 행위는 일본인을 이해하는 중요한 키워드가 될 것이다.

〈바늘 공양〉

공양이란, 불교에서 행해지는 의식으로, 부처나 보살에 대한 공경의 마음으로 공물을 올리는 의식을 말한다. 예를 들어 승려에게 올리는 공양, 죽은 조상 등의 명복을 비는 공양, 또 부모나 스승을 봉양하는 행위는 모두 사람을 대상으로 한다. 그러나 일본의 경우는 사람이 아닌, 일상 주변의 친숙한 도구를 공양하는 전통이 있다. 도구, 혹은 이를 포함한 모든 기물이, 본연의 기능을 잃고 버려질 때 일본인은 그것들을 추선(追善)하기 위해 무덤을 만든다.

---

* 2020도쿄 올림픽 홍보 영상

2013년 12월 31일 시점에서 일본 전국의 신사 총수는 81,336사로 집계되었다. 신사에는 어김없이 바늘 공양, 식칼 공양 등을 추선하는 무덤이 만들어져 있다. 사람들의 일상 주변의 도구뿐만 아니라 매실무덤과 같은 식물을 공양하는 전통도 있다. 일본인은 매실의 씨가 자신의 고난을 대신해 줄 것으로 믿었던 것이다. 또한 일본 고유의 것은 아니지만 해외로부터 유입된 문물의 경우도 그 업적을 기리기 위해 비석이 세워졌다. 안경 비석이 그 예라 할 수 있다. 이렇듯 일본인은 그들의 오랜 가치 체계를 바탕으로 그들만의 문화를 만들어 냈다. 일본인의 도구 공양 문화는 갖가지 사물에게 인간적 감정을 부여하고, 그들과 함께 공존하며 소통하기 위한 생활 철학의 범주에 속하는 가치체계이며, 오랜 기간 지속되어 온 그들의 신념이었던 것이다.

〈안경 비석〉

일본의 조령(祖靈)신앙과 요괴문화, 근대화의 과정 속에서 새롭게 정의되다

앞서 살펴본 바와 같이 일본인의 요괴사랑은 도구 공양처럼 그들만의 기발한 상상력이 오랜 전통으로 기억되고, 그들의 생활양식이 되어온 점을 상기해야 한다. 요괴문화의 발달이 단순히 요괴를 주요 소재로 한 문화콘텐츠의 발달과, 이를 향유하는 소비층이 많아졌기 때문만은 아니라는 것이다. 일본인의 사상과 정서 깊은 곳에서 우러나오는 오랜 잠재적 요구가 토대가 되어 그 위에 성립된 일본적 기질이라고 할 수 있다. 따라서 요괴 사랑이 일본인의 삶에 어떠한 의미가 있고, 그것을 가능하게 한 문화적 토양의 근원을 생각해 보는 것은 매우 중요한 사안임에 틀림없다.

그런데 이러한 요괴문화의 정체성은 근대화의 과정에서 타자화되고 새롭게 정의되었다. 근대 일본은 동아시아의 다른 국가들과는 달리 일찍 서구에 문호를 개방하여 근대화의 길을 걷게 되었다. 당시 일본의 사상가·정치인을 비롯한 많은 개화 지식인들은 서구화와 동일한 의미에서 문명개화를 명분으로 서구의 근대 학문 도입과 함께 서구식 합리주의를 바탕으로 한 다양한 계몽사상을 펼쳤다. 현재 우리가 사용하고 있는 '요괴'라는 용어는 바로 이러한 시기에 만들어진 용어로 '미신박멸', '요괴퇴치'를 주장한 불교철학자이자 교육자인 이노우에 엔료(井上円了)에 의해 도입된 용어라는 점을 명확하게 할 필요가 있다. 따라서 현재 사용하고 있는 요괴라는 용어를 보다 주의 깊게 재조명할 필요가 있다.

근대화의 과정 속에서 일본의 지식인층은 이전 시대의 미신으로부터 탈피하는 것이야 말로 진정한 근대적 인간이 된다고 믿었다. 그럼에도 불구하고 대부분의 미신이 사라진 현대에 이르러서도 요괴에 대한 사랑은 지속되고 있다. 이는 그들만이 애써 기억하고자 한 오랜 전통의 문화, 그것들이 현재적 가치와 의미가 있어 가능했다.

또한 일본인의 요괴 사랑은 그들이 생활해온 자연적 환경과도 깊이 연관되어 있다. 일본은 전 세계적으로 지진과 화산 분화의 피해가 매우 많은 지역이다. 일본인이 매번 겪어온 대규모 참사에 대한 트라우마는 시대를 초월하여 일본인의 기질을 형성하는 잠재적 요인으로 작용한 것이다. 또한 불가사의한 초자연적 현상에 대한 민간 무속신앙과 괴이한 현상에 대한 그들의 해석은 살아가는 방편이 되었으며, 삶의 철학이 되었다고 할 수 있다.

이러한 일본인의 주술적 감성은 현대에까지 면면히 이어져 내려오고 있으며, 요괴문화 형성에 지대한 영향력을 행사하게 된 것이다. 그리고 근대화의 과정에서 만들어진 조령 신앙은 일본 특유의 내셔널리즘과 이전 시대의 주술적 감성과 결합되면서 일본인의 가치관과 정체성을 규정짓는 중요한 요인으로 작용하였다.

기호로서의 요괴문화, 캐릭터 산업의 바탕이 되다

요괴 연구의 대표적 주자인 가가와 마사노부(香川雅信)는 에도『요괴혁명(江戸の妖怪革命)』에서 처음으로 근세 이후의 요괴문화에 대한 이론적 체계를 제시하였다. 그는 최근 10년 사이에 진전된 요괴문화연구의 성과를 미셸 푸코(Michel Foucault)의 지식과 아르케올로지(archeology)적 방법을 모방하여, 중세·근세·근대 요괴의 특질을 정리하였다.

아르케올로지라고 하는 통상 고고학이라는 방법론은 푸코의 대표적인 사상의 틀이다. 푸코의 주요 방법론은 현대의 사고와 인식은 그것들을 어떻게 관련짓고 독해하는가를 생각하는 지식의 틀, 에피스테메(episteme)의 변용에 언어라는 시대의 특이성을 도출하고자 하였다. 푸코는 인간이 사물과의 사이에서 어떤 질서를 인식하고, 그에 순응하며 사고할 때, 우리들은 객관적으로 존재하는 사물의 질서 그 자체를 느끼는 것이 아니라, 사물과의 사이에 어떠한 관계성을 만들어 낸 하나의 틀을 통해서 비로소 사물의 질서를 인식해 왔다는 것이다. 이러한 틀이 바로 에피스테메이고, 이러한 지식의 틀은 시대와 함께 변용되어 왔다는 것이다. 정리하면, 사물에 대한 인식이나 사고는 시간이 지나면서 크게 변용되어 가고, 다시 새로운 의미작용을 갖는다고 할 수 있겠다. 그렇다면 푸코의 아르케올로지 방법론을 적용시켜 각 시대별 요괴의 특징을 살펴보기로 한다.

먼저 요괴에 대한 최초의 문헌 기록이 남아있는 10세기 전후의 중세 시대의 예를 들어 보자.

당시 요괴의 출현은 대부분 '불길한 흉조'로 해석되었다. 이는 신불(神仏)을 시작으로 한 신비적 존재로부터의 하나의 '경고'로 인식했다. 즉 요괴는 신령으로부터 말씀을 전하는 존재라는 의미로 일종의 '기호'였던 것이다. 이는 요괴뿐만 아니라 모든 자연물은 어떠한 의미를 띤 '기호'로서 존재했다. 즉, '사물'은 사물 그 자체라기보다 하나의 '기호'였던 것이다. 이러한 기호는 사물에게 주어진 조건이었으며, 인간이 할 수 있는 것은 그 기호를 해석하는 것이었다. 그리고 그 해석의 결과를 신의 경고로 받아들였다.

이처럼 중세는 사물이 동시에 말을 전하는 기호의 세상이었다. 이러한 인식은 에도시대가 되면서 크게 변용되었다. 사물에 부여된 말과 기호가 제거되고 비로소 사물 그 자체로 사람들의 눈앞에 나타나게 된 것이다. 여기에 근세의 자연 인식과 서양의 박물학(博物學)에 상당하는 본초학(本草學)이 성립한다.

18세기 후반 대중오락문화의 발달로 인해 일본인의 요괴 인식도 크게 변용되었다. 이전 시대 신의 경고와 같은 무시무시한 공포의 대상이 아닌, 보고 즐기는 유희의 대상으로서의 요괴문화가 새롭게 전승되기 시작했다.

도시에서는 마음이 맞는 사람들끼리 모여 '백 가지 괴담 이야기모임'을 즐기는 것이 유행했다. 이를 본떠서 일련의 백 가지 괴담(百物語)류의 작품이 간행되었으며, 요괴 캐릭터의 원조라고 할 수 있는 도리야마 세키엔(鳥山石燕)의 『화도백귀야행(画図百鬼夜行, 1776)』을 필두로 요괴도감이 간행되는 등 요괴를 소재로 한 작품이 다수 등장하였다. 요괴 도감은 요괴가 전승된 장소에서의 고유한 의미 붙임의 콘텍스트에서 분리되어 각 요괴에게 이름을 붙이고, 시각적 조형, 그리고 생물적 성질 등과 같은 단순한 요소를 혼합시켜 그것들을 이미지화하였다. 이는 박물학적 시선이라 할 수 있으며,

사물의 외측에서 본 18세기 후반의 요괴에 대한 시선이라 평할 수 있을 것이다.

또한, 이 시기에는 요괴 마술(妖怪手品)이라는 흥행업이 출현하여 작위적 수단에 의해 인공적인 요괴의 이미지를 만들어 내기도 했다. 이는 인간이 상상하고 있던 요괴를 표상화하는 과정이었다. 이러한 일상 속 실천은 요괴의 존재를 관람용으로서 상품화한 것이며, 이는 요괴의 이미지화 즉 캐릭터화해 가는 계기를 마련하였다고 할 수 있을 것이다. 이렇듯 에도시대는 대중들이 요괴를 하나의 이야깃거리로 즐겼으며, 도시부를 중심으로 요괴문화는 크게 성장한 시기이기도 했다.

본래 요괴는 인간이 컨트롤할 수 없는 자연계의 상징이었고, 그러한 까닭에 두려움의 대상이었다. 그런데 에도시대가 되면서 '사람이 만물의 영(人爲萬物之靈)'이라는 관념이 새롭게 생기기 시작하면서 인간은 자연보다도 상위에 위치한다는 세계관이 형성되었다. 여기서 요괴에 대한 관념도 리얼리티가 떨어지고, 일종의 오락용으로 캐릭터화되어 갔다. 에도시대의 오락문화는 요괴와의 '신기한 체험'과 '요괴'라는 '기호'가 클로즈업되었다. 중세 시대의 괴기스러운 요괴 '기호'는 분리되어, 표상 공간에 새롭게 창출된 요괴 캐릭터를 즐기는 오락문화로 전환된 것이다.

특히 1776년은 요괴문화 연구의 매우 상징적 해라고 할 수 있다. 도리야마 세키엔(鳥山石燕) 『화도백귀야행(画圖百鬼夜行, 1776)』, 후라이 산진(風来山人)의 『덴구샤레고베메키키엔기(天狗髑髏定縁起)』, 우에다 아키나리(上田秋成)의 『우게쓰모노가타리(雨月物語)』, 고이가와 하루마치(恋川春町)의 『소노헨포바케모노하나시(其返報怪談)』와 같은 문예 작품이 일제히 간행되면서 표상공간에 펼쳐진 요괴가 오락문화의 일종으로 탈바꿈되었다.

요괴문화는
일본적 치유와 회복의 과정이었다

요괴가 오락의 대상으로 재탄생되어 가는 시기는 일본 역사상 가장 평화로웠던 에도시대(1603~1867)라고 할 수 있으며, 일본 전통의 민간신앙이 새롭게 재구성되어 가는 시기이기도 하다. 오락문화의 발전은 도쿠가와 막부의 제도적 틀 안에서 자유롭게 향유되었으며, 이를 위한 위락시설과 제도적 정비가 이루어졌다.

에도시대는 각 지역의 영주들의 기점이었던 성곽을 중심으로 성하(城下)도시가 발달하였으며, 특히 에도라는 지역은

120만이 넘는 세계 제1의 인구 밀집 도시였다. 에도는 도쿠가와 막부의 중앙집권체제를 강화하기 위하여 각 번(藩)의 영주들에게 정기적으로 쇼군을 알현하게 하였다. 1년에 한 번씩 자신이 통치하는 번과 쇼군과 가족이 있는 에도를 왕복하는 참근교대(参勤交代) 정책을 편 것이다.

  이 제도는 도쿠가와 정부 약 260년의 전시기에 걸쳐 행해진 정치적 제도였으며, 도쿠가와 막부가 15대의 번영을 누린 요인이기도 하다. 참근교대의 행렬은 각 번의 규모에 따라 영주 주변 무사들과 인부 등 가속들이 많게는 수천 명씩 에도로 유입되었다.

  특히 에도는 120만 명의 에도 시민이 의식주를 해결해야 하는 소비도시이기도 했다. 따라서 경제면에서는 상품 경제가 매우 발달하였고, 화폐 경제의 진전으로 신흥세력의 등장과 소비를 부추기는 오락문화가 발달하기 시작했다.

  또한, 일본인의 요괴 사랑은 그들의 자연적 환경과도 무관하지 않다. 에도시대 오락문화의 특징은 현세 위주의 향락 우선주의적 색채가 강했다. 벌이가 소비의 수단이 되었으며, 누구나 돈만 있으면 일정 부분의 오락을 누리며 살아가는 시대가 된 것이다. 현재 우리가 즐기고 있는 오락문화 대부분의 원형은 에도시대의 오락문화 속에서 그 근원을 찾아볼 수 있다. 이러한 점에서 에도 오락문화의 배경과 운영 시스템은 매우 흥미로운 주제이기도 하다.

에도시대는 이렇듯 오락문화가 발달한 평화로운 시기였지만, 자연재해로 인한 대규모 피해가 유난히 많았던 시기이기도 했다. 화산열도국인 일본에는 현재 약 70개의 활화산이 있고, 거의 대부분이 에도시대 분화 기록을 가지고 있다. 『에도10만일 기록(江戶10万日記錄)』에서 집계한 수만 해도 약 135건의 분화가 기록되어 있다. 여기에 전국 화재 건수는 998건, 연간 4건으로 작은 화재, 혹은 기록 누락 등을 감안한다면 수배에 달할 것이다.

에도시대 화재의 특징은 일단 화재가 발생하면 대규모의 큰불로 이어졌다는 점이다. 1657년 있었던 후리소데(振り袖) 화재의 경우 800여 마을이 소실되고 약 102,000여 명이 사망했다고 기록되어 있다. 이 화재는 일종의 방화사건이었으나, 전술한 바와 같이 100만이 넘는 인구 밀집 지역이었다는 점과 당시의 구조물이 나무와 종이로 이루어졌다는 점에서 그 피해의 심각성은 상상을 초월한다.

또한 에도에서 발생한 화재는 피해규모도 상당했지만, 전국에서 발생한 화재 건수의 반 이상인 570여 건을 차지하고 있다.

에도인이 화재보다 더욱 무서워한 것이 지진이었다. 당시 대지진만으로도 270여 건이 기록되고 있으며, 건당 2,000~5,000여 명의 사망자가 발생하는 인적 피해를 기록하고 있다. 지진으로 인한 복합형 대규모 재해는 다시 대규모 화재로 이어졌다. 가족과 이웃 공동체 사람들의 사망과 생활터전의 파괴는 지금도 계속되고 있는 대지진 참사와 연동되어 일본인의 잠재적 트라우마로 작용되고 있다.

이러한 자연적 환경 속에서도 계속 삶을 영위해 나가야 했던 일본인들에게 참사 이후의 트라우마적 상황에서 비교적 자유로워질 수 있게 만들어준 것은 초자연적 존재와의 공존과 괴이하고 기이한 현상들과의 소통이었다.

앞서 언급한 바와 같이 일본인은 오래 전부터 일본 전통의 민간전승 신화와 주술적 상상력이 창작되어 왔고, 이러한 모티브는 지금의 대중문화 산업 속에서 활용되어 왔으며 수많은 캐릭터를 양산해 왔다. 특히 일본의 무속 신앙은 초자연적인 것에서부터 동식물, 그리고 일상 주변의 모든 기물에 이르기까지 그곳에 정령이 깃들어 있다고 믿었다. 모든 사물에 인간적 감정을 부여하고 그것들과 교감하며 공존해 왔다. 이러한 사물과의 교감은 일본인들의 생활철학의 바탕이 되었고, 사물의 의인화로 나타났다. 즉 캐릭터로의 발전은 오랜 시간 신화 속에 잠재된 이미지를 문화산업으로 활용한 것이다.

일본의 민간신앙 속에 등장하는 상상력의 산물들은 오랜 기간 구전되어 온 이야기들이며, 이를 이미지화한 것이다. 이야기 속에 등장하는 이미지는 일본인의 친근감과 신뢰의 요소가 되었다. 오랫동안 일본인의 생활 속에서 함께 해온 사물과의 교감 능력은 그들만의 스토리로 재창작되고, 문화산업으로까지 이어지게 된 것이다. 일본인에게 요괴는 매우 친숙한 일상의 존재였으며, 유희의 대상이 되어 일본인을 감동시키고 몰입시키는 요소들로 가득하다.

일본인의 요괴 사랑이 단지 요괴라는 일본인의 기발한 상상력이 문화콘텐츠와 접목하여 이익창출의 요소가 되었다는 부분에만 초점을 두지만, 요괴에 대한 일본인의 인식이 일본의 열악한 자연환경, 여기에 정치적 부흥 과정, 전쟁의 소용돌이 속에서의 인간적 공포를 둘러싼 문화적 담론과 실천이었다는 점도 주목할 필요가 있다.

일본인의 상상력과 캐릭터의 조합

인간의 상상력에 의해 형상화된 요괴의 이미지는 그 생성 방법에 있어 '모에(萌え)'의 조합과 유사한 특성을 가지고 있다. '모에'란 다름아닌 대중문화콘텐츠를 즐기는 하나의 방법이다. 선호하는 이상형의 캐릭터를 만들어 내기 위해 원형이 가지고 있는 각각의 캐릭터성을 모으고, 그 파편들을

조합하여 자신만의 이상적 캐릭터를 만들어 내는 것이다. 특히, 요괴의 조합은 하이브리드(hybrid)와 뮤턴트(mutant) 형태를 취한다. 하이브리드는 잡종, 혹은 혼성을 뜻하는 것으로 어떤 속성의 장점이나 특징을 합체한 형태를 말한다. 미국 칼텍(캘리포니아공대 · Caltech) 교수팀이 최근에 개발한 박쥐의 움직임과 생김을 모방한 '배트봇'과 같은 형태라고 해야 할까?

요괴의 원형은 동아시아 상상력의 근원이 되었다고 평가받고 있는 중국의 가장 오래된 지리서『산해경』에서 확인할 수 있다. 등장하는 요괴의 형상은 인간 속성에 동물의 속성이 조합된 형태의 반인반수의 형상이라든가, 동물의 속성들이 조합되어 있는 형태를 하고 있다. 『산해경』에는 인간이 가지고 있는 능력 이상의 초월적 힘을 가진 상상계의 괴물을 그려내고자 했다.

이에 반해 뮤턴트의 수법은 일본 설화 속 요괴의 형상으로 설명가능하다. 본래 가져야 할 수(數)보다 부족하거나 많은 기형의 형상을 말한다. 예를 들면 눈이나 다리 등이 본래의 모습보다 적거나 혹은 많아서 기형으로 보이는 형상을 말한다. 예를 들면 눈이 할 수 있는 기능을 일본의 경우는 두 개의 수법 모두 조합되어 있는 경우도 있다.

특히 쓰쿠모가미(付喪神)의 경우는 하이브리드 조합의 형태를 취하고 있는 경우가 많다. 본래 가지고 있는 특성을 살리되 의인화를 위한 수법으로 인간의 의복을 입히거나 모자를 씌우는 수법이 사용되고 있다. 쓰쿠모가미의 특징은 기물은 변형되고 의인화되어 있지만 외견적으로는 그 기물의 형태와 특징을 살리는 것이다. 이는 지금의 포켓몬을 위시한 모든 캐릭터에 적용되는 수법이다. 이는 사물의 의인화를 요소로 한 캐릭터들의 생성원리와 그 과정을 파악하는 중요한 단서를 제공한다.

다시 본론으로 돌아오면, 쓰쿠모가미는 일상 주변에 있는 매우 친숙한 도구나 물건들을 이용하여 요괴를 의인화했다. 기물 요괴는 그림에서도 확인할 수 있듯이 친근하면서도 우스꽝스러운 모습을 하고 있다. 『백귀야행에마키(百鬼夜行絵巻)』의 기물 요괴들이 무리를 이루고 행렬하는 모습은 분명 헤이안 시대의 요괴의 모습과는 구분된다. 단, 『백귀야행에마키』의 요괴들의 모습이 무질서한 집합체로 보이는 것은 행렬이라는 형태를 이루고 있기 때문으로 보인다.

〈수박〉**

〈술병〉**

〈호박〉**

〈조개〉***

〈부엌도구〉**

〈당근〉****

제시한 자료는 분명 9세기 경 설화집에 기록되어 있는 요괴의 형상과는 구분된다. 동물은 물론이고, 식물(호박, 수박)에서 어패류(바지락, 소라)에 이르기까지 다양한 종류의 사물을 의인화하고 있으며, 사물의 특성을 살려 캐릭터화되어 있다. 일상 주변의 도구나 기물들을 이용한 요괴의 캐릭터화는 친근함은 물론, 매우 엉뚱하고 기발하다는 느낌마저 든다.

현재의 요괴 캐릭터 창작의 모태는 바로 여기에 있다고 할 수 있다. 이후 에도시대로 오면서 고도의 기술이 더해져 상상 속 요괴는 각각 독자적으로 조형화된다. 박물관적 사고를 바탕으로 한 도감 형식을 빌리기도 한다. 이러한 도감 형식은 지금의 포켓몬GO 도감에서 답습하고 있다.

** 『신판바케모노쓰쿠시(しん板化物尽し)』
*** 『백귀도(百鬼ノ図)』
**** 『다이신판바케모노쓰쿠시(大新板ばけ物ずくし)』

18세기 후반에 제작된 도리야마 세키엔(鳥山石燕)의 요괴화는 최초의 작품인 『화도백귀야행(画図百鬼夜行)』을 시작으로, 이후 『금석화도속백귀(今昔画図続百鬼, 1779)』, 『금석백귀습유(今昔百鬼拾遺, 1781)』, 『백귀도연대(百鬼徒然袋, 1784)』로 간행되었다. 4편을 총칭하여 '화도백귀야행 시리즈'라고도 한다. 8년에 걸쳐 제작된 4편의 '화도백귀야행' 시리즈물에 요괴가 어떻게 조형되어 있는지를 살펴보기로 한다.

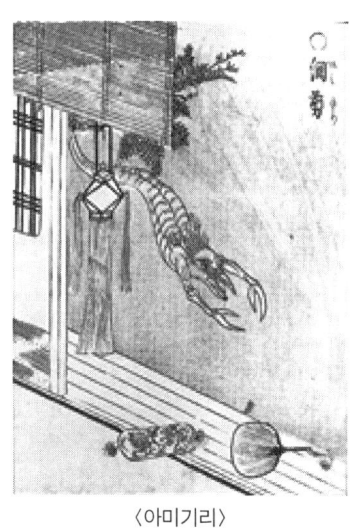
〈아미기리〉

도리야마 세키엔의 '화도백귀야행' 속 요괴들은 더 이상 늦은 밤 무리를 지어 행렬하지 않는다. 요괴들에게 각각 고유의 이름이 붙여지고, 마치 요괴 도감과 같이 한 종류씩 한 그림 속에 가둬 둔 것 같은 형식을 취하고 있다.

또한, 『화도백귀야행』 속의 아미기리(編切) 요괴의 모습과 『바케모노쓰쿠시에마키(化物尽絵巻, 1820)』의 가미기리 요괴의 모습을 비교해보면, 『바케모노쓰쿠시에마키』의 요괴는 『화도백귀야행』의 요괴와는 달리 의인화되어 빨간 쇠코잠방이를 입혔으며, 입은 뮤턴트 수법이 차용되어 새의 부리가 조합되어 있다. 손가락이 집게 모양을 하고 있는 점은 공통되나 전체의 분위기는 『화도백귀야행』이 곤충과 동물을 혼합한 형상이라 한다면 『바케모노 쓰쿠시에마키』는 의인화하여 더욱더 친근감이 느껴지는 모습이다. 이러한 점이 바로 작자의 창작 능력이 아닐까 생각한다. 요괴의 시각화·조형화는 제작자의 창작 능력과 함께 그것을 향유하는 독자층의 요구가 반영되어 같은 이름, 그러나 다른 느낌의 요괴가 재창출된 것이다.

〈가미기리〉

요괴 캐릭터화는 각각의 요괴의 특징을 살리고, 해당 요괴의 성격, 생성된 요인과 특기와 기능 등 그들만의 서사가 만들어지고, 그들이 존재하는 이유를 설명하는 요소가 되었다. 이러한 요소들은 소비자에게 감동과 몰입의 요소가 되었다. 캐릭터 서사는 소비자들에게 공감을 얻을 수 있도록 설정되어야 한다. 그리고 무엇보다 다른 요괴와 시각적 차별화가 이루어져야 한다. 이러한 설정이 부족하거나 부적절하면 해당 요괴에 대한 정보 전달에 차질이 생기고, 더 이상 소비자들은 그 캐릭터에 나를 몰입시키지 않는다. 캐릭터 서사는 '백귀야행'에서 오랜기간 지속적으로 캐릭터화를 반복해 온 요괴들이며, 이후 그들만의 고정된 캐릭터 속성을 가지고, 지금도 포켓몬을 위시한 요괴산업 속에서 계속 진화해가고 있다.

요괴 캐릭터는 시대적 요구에 발 빠르게 대응하고 소비자에게 맞는 적절한 속성이 추가되면서 그 시대에 소비되고 있다.

상상을 초월하는 다수 다종의 캐릭터들

한국에도 잘 알려져 있는 〈날아라 호빵맨(それいけ!アンパンマン)〉의 주인공인 호빵맨은 1973년 그림동화집으로 탄생한지

어언 40여 년이나 된다. 〈날아라 호빵맨〉은 1988년 일본 TV에서 애니메이션으로 첫 방영된 이후 지금도(2018) 방송 중에 있으며 많은 어린이들의 사랑을 받고 있다. 28년이라는 긴 세월동안 방영 횟수는 1,000회를 넘겼고, 무엇보다 사랑과 용기를 주제로 한 스토리의 영향으로 부모들이 가장 안심하고 보여줄 수 있는 작품으로 평가받고 있다.

  호빵맨의 원작자인 야나세 다카시(柳瀨嵩)는 사랑과 용기의 슈퍼 히어로 호빵맨을 탄생시켰다. 가난을 무엇보다 싫어했던 야냐세는 배고픔에 대한 아픈 기억이 있었다. 호빵맨 공식 홈페이지에 다음과 같은 메시지를 전하고 있다.

> '두려워 마라, 힘내는 거야. 용기의 꽃이 활짝 필 때
> 내가 하늘을 날아갈 테니. 반드시 너를 구할 거야!'

  호빵맨은 분명 치유와 회복을 선물하는 캐릭터임이 분명하다. 거의 대부분의 일본인은 힘없고 굶주린 사람들에게 기꺼이 자신의 얼굴을 떼어 내주는 마음씨 착한 호빵맨의 행동이 매우 엽기적이라거나, 호빵이 하늘을 날아다는 것에 대해 누구도 의문을 제기하지 않는다.

〈호빵맨〉

　〈날아라 호빵맨〉에 등장하는 캐릭터 수는 현재진행형으로 계속 늘어나고 있다. 또한, 전 세계에서 가장 많은 캐릭터를 출연시킨 애니메이션으로 기네스북에 등재되기도 하였다.(2009년 등재 당시의 캐릭터 수는 1,768종으로, 2018년 11월 시점에서 약 2,800여 종으로 추산된다.)

　한편, 〈포켓몬스터〉 역시 1996년 처음 출시된 이후, 몇 년에 한 번씩 '세대'라는 묶음으로 포켓몬을 지속적으로 추가하고 있다. 세대별 출시 캐릭터 수를 살펴보면, Ⅰ세대가 151종(2017 기준, 2018년 153종으로 증가), Ⅱ세대는 100종, Ⅲ세대 135종, Ⅳ세대 107종, Ⅴ세대는 156종, Ⅵ세대 72종, Ⅶ세대 86종 등 7세대에 걸쳐 약 800여 종(2016)이 창출되었다.

　포켓몬의 경우는 〈날아라 호빵맨〉과 같이 새로운 캐릭터를 만들어 내는 것 외에 캐릭터의 진화를 이용한 새로운 게임 요소를 도입해 왔다. 〈날아라 호빵맨〉과 포켓몬스터의 사례뿐만 아니라 대중들에게 다년간의 사랑을 받아온 캐릭터가 다수 존재하는 반면에 화려하게 등장은 했지만 어느 순간 사라져 버린 캐릭터들도 적지 않다.

포켓몬컴퍼니의 대표이사인 이시하라 쓰네카즈(石原恒和)는 포켓몬 공식 홈페이지에 포켓몬을 기획하고 인기 상품으로 키워내기까지의 생각과 꿈을 인터뷰 형식으로 소개하고 있다. 이시하라 사장의 주된 업무는 포켓몬을 프로듀스 하는 것으로, 이는 연예 기획사의 주된 업무와 비슷하다. 연예 기획사는 소속 연예인의 연예 활동을 원활하게 추진시키는 일과 재능을 발탁해 내고 양성하는 일을 한다. 포켓몬컴퍼니 역시 회사의 전속 연예인 격인 피카츄를 비롯한 포켓몬들을 관리하고 어떻게 홍보해 나갈 것인가를 기획한다.

이시하라 사장의 목표는 포켓몬을 한 번 접해본 사람은 다른 사람에게도 꼭 추천하고 싶을 정도의 매력적인 상품을 만드는 것이라고 한다. 덧붙여 이시하라 사장의 꿈은 '포켓몬이라는 존재를 통해 현실세계와 가상세계 모두를 풍요롭게 하는 것'이라고 했다. 그 꿈이 포켓몬GO가 도입한 증강현실(AR)기반을 통해 결코 이상이 아니라 이미 눈앞에 일어나고 있는 현실이 되었다는 내용과 이후 모든 사람들이 그것을 실감할 수 있도록 시스템을 구축하고 지속적으로 발신해 나갈 것이라고 했다.

캐릭터의 서사와 창작에서 가장 중요한 점은 소비자들에게 공감을 얻는 것이 가장 주요 요건이다. 이는 결과적으로 소비자의 구매효과를 극대화시키는 전략적 기술이라 할 수 있다. 더욱이 이러한 전략적 기술의 성공여부는 얼마나 소비자를 공감하게 하고 몰입하게 만드는가에 있다. 따라서 다수다종의 캐릭터 창출은 소비자들의 요구를 만족시키기 위한 하나의 전략이었으며, 이는 곧 캐릭터의 장기 생존을 가능하게 했다.

포켓몬을 위시한 일본의 대표적 장수 캐릭터들은 다른 캐릭터에 비해 이렇다 할 특별한 것도 없다. 그럼에도 불구하고 타 캐릭터보다 더 오래 살아남을 수 있었던 것은 다름 아닌 다수, 다종의 캐릭터 수가 그 결정적인 요인이라 할 수 있다. 다수다종의 캐릭터 창출은 그 수만큼 많은 소비자들의 요구를 반영한 일종의 전략이다. 소비자들의 요구에 즉각적으로 대응하면서 그들을 몰입시키고 열광적인 소비층을 만들어 내는 것이다. 이는 곧 상품 구매 효과를 극대화시키는 것과 직접적으로 연결되기 때문이다.

이렇듯 〈날아라 호빵맨〉이 40여 년의 시간 동안 2,800여 종의 캐릭터를 등장시켰고, 포켓몬도 출시 이후 약 20여 년의 기간 동안 약 800여 종의 캐릭터가 만들어졌다. 이후에도 〈날아라 호빵맨〉과 같이 〈포켓몬스터〉도 기업이 건재하는 한 상당수의 포켓몬스터 캐릭터가 지속적으로 만들어질 것으로 예상된다.

　이처럼 상상을 초월하는 다수·다종의 캐릭터를 상상해 낼 수 있는 바탕은, 다름 아닌 일본의 오랜 전통 속에서 그 요인을 발견할 수 있다. 동식물을 포함한 자연계의 모든 사물들 그리고, 일상 주변의 기물에 이르기까지 모두 의인화해버리는 일본인들의 상상력이 그것이다. 특히 캐릭터 생성과 함께 캐릭터 서사에서도 일본적 특성이 주목된다. 예를 들면 시각적인 특성뿐만 아니라, 대중들로부터 정서적 공감을 얻을 수 있도록 설정되어 있다는 점이다.

　다수다종의 엄청난 캐릭터의 다양성과 엽기적이고 엉뚱한 발상은 오랜 전통 속에서 면면히 흐르는 일본인의 상상력의 발로라 할 수 있을 것이다. 일본의 영화, 애니메이션, 게임 등 다양한 장르 속에서 캐릭터가 사람들에게 인기를 얻고 있는 이유 중 하나가 매우 엉뚱하고 엉터리 같은 내용이지만, 이러한 부분이 오히려 소비자들로 하여금 신선한 재미와 감동을 주는 요소로 작용했다고 할 수 있다.

　일본의 요괴문화를 이해한다는 것은 요괴를 만들어 낸 사람 즉, 일본인의 정서를 이해하는 것이다. 이 글을 통해 일본인의 사물에 대한 인식의 일단을 이해할 수 있었다. 일본인이 그토록 요괴문화에 심취해 있었던 이유는 그들이 요괴에 대한 두려움과 공포에 맞서기 위한 지혜였다. 일본의 요괴문화는 삶의 터전에서 그들이 지속해 온 인간 활동이다. 다수 다종의 요괴를 캐릭터화한 것은 다름 아닌 일본인이고, 그것들을 만들어 낸 일본인의 상상력은 오랜 기간 대규모 참사 속에서 겪어야 했던 트라우마에 대한 그들만의 치유와 회복의 역사였던 것이다.

참고문헌

- 明田鉄男, 『江戸10万日全記録―実録事件史年表』, 雄山閣, 2003.

- 丹野顕, 『暮しに生きる日本のしきたり』, 講談社, 2000.

- 小松和彦, 『妖怪文化入門』, 角川文庫, 2012.
  小松和彦, 『妖怪学の基礎知識』, 角川選書, 2011.

- 香川雅信, 『江戸の妖怪革命』, 河出書房, 2005.

- 堀田穣, 「妖怪を研究すること-妖怪文化論は人間研究-」 『子どもの文化』 42(6), 子どもの文化研究所, 2007.

- 高岡弘幸, 『幽霊 近世都市が生み出した化物』 歴史文化ライブラリー, 2016.

- 田中貴子, 『百鬼夜行の見える都市』, 新曜社, 1994.

- 브룩스 피터슨, 현대경제연구원 옮김, 『문화지능』, 청림출판, 2006.

- 에드워드 홀, 최효선 옮김, 『문화를 넘어서』, 한길사, 2001.

- 메이슨 커리, 강주헌 옮김, 『리추얼』, 책읽는 수요일, 2014.

2.
일본 만화와 요괴 정복의 세계

고영란

고영란

나를 위협하는 요괴,
그를 탐색하다

게임이라고 하면 자동적으로 오락실과 오십 원짜리 동전이 생각나는 아날로그 감성에 젖어 사는 내게도 홈 비디오 게임의 기억은 희미하게나마 남아있다. 슈퍼마리오라는 콧수염 난 삼등신의 캐릭터를 열심히 점프시키던 추억은 어린이에서 청소년으로 점프하고자 했던 당시 십대 소녀였던 나의 욕망과 중첩되어 있기도 했다. 이후 게임문화와 함께하기엔 너무 느긋했던 성격 탓에 게임문화를 좇아가지는 못했지만, 〈슈퍼마리오〉를 제작한 회사와 동일한 회사에서 '90년대의 초등학생에게 '포켓몬'이라는 선물을 선사한 사실만은 잘 알고 있었다. '90년대의 초등학생들은 누가 봐도 외국인으로 보이는 마리오 아저씨를 열심히 점프시키는 대신, 다양한 요괴들을 찾아 나서서 정복해야 하는 게임 때문에 손에 땀을 쥐고 잠을 설쳤으리라. 외국인이 되었건 요괴가 되었건 간에, 당시 초등학생이었던 현재의 20~40대는 이질적인 존재에 매료되어 대상을 파악하고 정복하는 경험을 게임을 통해 할 수 있었다. 더욱이 대단히 평화롭고 즐거운 마음으로 정복할 수 있었고, 그 대상이 결코 친근감 있는 인간이 아닌 외국인이나 요괴 등 이질적 존재였기에 죄의식은 느낄 필요조차 없었다.

2018년 현재, 글로벌화로 인해 세계는 하나가 되어 언뜻 소통과 이동이 자유로운 것 같다. 하지만 민족적, 종교적 갈등을 비롯하여 너무나도 다양한 장벽 때문에 여전히 현실 세계는 폐쇄적이고 제약적이며 입체적이지 못하다. 나아가 싫건 좋건 간에 사회 노동력의 중추가 될 수밖에 없는 20~40대에게 보이지 않는 차별과 갈등으로 반복되는 일상은 그다지 즐겁지도 가볍지도 않으며, 그렇다고 해서 손쉽게 조정하고 정복할 수 있는 것도 아니다. 오죽하면 소확행(小確幸:작지만 확실한 행복)이란 말이 유행하겠는가? 그런데 이들 기성세대가 20~30년 전 초등학생 시절, 게임이란 가상의 공간에서 '이질적 존재의 파악과 정복'을 경험했듯이, 다시금 평화롭고 즐겁지만 흥분의 도가니로 몰고 가는 작고 확실한 위로가 2016년 해성처럼 등장했으니 그것이 바로 다름 아닌 〈포켓몬GO〉였다. 더욱이 옛날에는 가상이었던 게임의 공간이 이제는 증강현실(AR:Augmented Reality) 기술 개발 덕분에 현실의 연장 선상에 있으니, 이 또한 즐겁지 아니하겠는가? 이 때문인지 전 세계적 〈포켓몬GO〉 열풍 속에서 게임의 유저는 20~30년 전과 같이 10대 초등학생에 국한되지 않고 20~40대의 성인층으로 그 폭을 넓어졌다. 일례로 운전 중 〈포켓몬GO〉를 삼가 달라는 미국 플로리다주의 교통 주의 사인이 존재했었던 것을 통해 이 현상을 쉽게 알 수 있다. 〈포켓몬GO〉 출시 한 달 만에 성인들이 〈포켓몬GO〉에 집중하다가 교통사고를 일으키는 일이 적지 않았던 것이다. 한국에서도 〈포켓몬GO〉 게임이 가능하다는 속초행 고속버스 표가 매진되었었다고 하는데, 초등학생 어린이들이 표를 사재기 했을 리 만무하다. 이와 같은 2년 여 전의 전 세계적인 〈포켓몬GO〉 열풍을 무엇으로 설명할 수 있을까? 또한 〈포켓몬GO〉를 탄생시킨 일본의 문화적 저력은 무엇일까? 그 해답 중에 하나가 바로 '요괴문화다!'라고 할 수 있을 것이다. 그렇다면 일본의 요괴문화가 어떻게 탄생하고 유포되어 왔는지 다음에서 짧게나마 살펴보고자 한다.

일본에서 요괴문화 유포의 역사는 대중이 문화를 상업적으로 향유하게 된 에도시대(江戶時代:1603~1868)로 거슬러 올라가는데, 물론 그 이전에도 현대에서 일컫는 요괴와 유사한 개념은 존재했다. 한자문화권에서 일컫는 소위 산과 물의 정령을 가리키는 이매망량(魑魅魍魎)을 비롯하여 온갖 사물과 존재에서 파생되는 정령 및 그 원혼을 요괴의 개념으로 이해할 수 있다. 요괴를 일본의 저명한 요괴학자 고마쓰 가즈히코(小松和彦) 식으로 정리하자면, 일본 애니미즘에 바탕을 둔 전통적 신앙의 영향 하에 모든 현상 및 자연물, 기물(器物) 혹은 존재 등에서 악의가 드러날 때 이를 일본에서는 귀(鬼), 귀신이라고 했다. 그런데 에도시대에 들어 더 이상 요괴의 존재를 믿지 않게 되자 오히려 상상력을 가미하여 오늘날과 같은 다양한 요괴를 탄생시킨 것이다.[1] 또한 괴담이란 불가사의한 일을 이해하는 하나의 방법이라고 지적하듯,[2] 요괴는 불가사의한 일을 이해하기 위한 매개체라고 볼 수 있다. 흥미로운 점은 〈백귀야행(百鬼夜行)〉과 같이 다양한 요괴가 집단으로 행진하거나 배회하여 이를 불경으로써 퇴치한다는 전설의 구체적 양상을 회화나 혹은 설화의 기록으로 남기며 일본인들이 에도시대 이전부터 요괴문화를 기록했고, 에도시대에 들어서는 그 문화를 적극적으로 공유해왔다는 사실이다.

〈백귀야행의 부채 요괴〉
소장기관: 국제일본문화연구센터

불가사의한 일을 요괴의 소행으로 이해하던 시절부터 그 인식을 극복한 오늘날에 이르기까지 끊임없이 요괴를 기록하고 후세에 남김으로써, 일본인은 이질적인 현상이나 존재를 파악하고 정복하며 궁극적으로는 이들 요괴를 포섭하고자 하는 욕망을 불태워왔다는 사실을 알 수 있다. 그런데 그 욕망은 비단 일본인에게만 내재되어 있는 것일까? 전 세계적으로 과학기술이 발달하고 인류가 상상치도 못했던 일이 실현되고 있는 21세기 바로 이 순간에도, 여전히 인간은 나와는 다른 이질적 존재나 과학기술로는 이해하기 힘든 낯선 현상을 경험하며 그에 대해 파악하고 정복하고픈 욕망을 크건 작건 지니고 있다. 이를 지적 호기심이라고 부를지 내재된 불안감이라고 부를지는 경우에 따라 다르겠지만 남녀노소를 불문하고 '내가 모르는 것'에 대한 호기심과 정복 욕망을 지니지 않은 사람은 많지 않을 것이다. 왜냐하면 '내가 모르는 것'은 근원적으로 나의 존재를 위협하기 때문이다.

흥미로운 점은 에도시대 일본의 출판업계 및 문화계는 요괴로 명명되는 '내가 모르는 것'에 대한 인간의 근원적 호기심과 욕망을 누구보다도 발 빠르게 파악하여 다양한 요괴가 등장하는 그림, 서적, 연극 등을 상업적으로 유통시켜 왔다는 사실이다. 유독 에도시대 일본의 출판업계 및 문화계가 요괴문화의 가능성을 포착할 수 있었던 이유는 다음의 두 가지로 요약할 수 있다.

첫째, 에도시대 사회가 요괴문화를 향유할 만큼 거대한 경제 규모를 지녔다는 점이다. 서민들이 요괴와 관련된 서적을 빌리거나 구매하고, 관련 연극 등을 관람할 정도의 경제적 여유가 있었기에 요괴문화 유포 가능했던 것이다.

 둘째, 전통적인 일본문화 속에 요괴의 형상 및 기록이 풍부하여 이를 각색하고 변용할 수 있는 소위 요괴문화콘텐츠가 풍부했다는 점이다. 애니미즘에 입각한 불가사의한 현상에 대한 다신교적 믿음은 한국이나 중국에도 없지 않았지만, 그와 같은 현상을 그리고 기록하며 재생산해 나아가고자 하는 시도는 일본이 보다 적극적이었다고 할 수 있다. 특별히 한국과 비교해 보자면, 조선왕조의 유교가 강력히 금지했던 괴력난신(怪力亂神)에 대한 믿음을 에도시대 일본 사회는 포용할 수 있었다는 사실은 요괴문화 유포에서 중요한 대목이다. 일본에서는 무로마치 막부(室町幕府)까지는 요괴를 부정하지 않는 불교문화가 압도적으로 우세했다. 이어서 정치적으로는 유교적 원리를 중시했던 에도시대의 도쿠가와 막부(德川幕府)였지만, 문화적으로까지 불교를 억압할 수는 없었다. 때문에 에도시대에 이르러서도 사람들은 여전히 질병, 고난, 재난 등을 일으키는 요괴를 퇴치하기 위해 불경을 열심히 외울 수 있었고, 그 과정에서 요괴를 비롯한 괴력난신을 인정하지 않을 수 없었던 것이다. 이리하여 괴력난신을 비롯한 요괴의 존재를 그림과 글로 알리는 다양한 기록들이 에도시대까지도 전승되어 왔고, 심지어 불교유포를 위해 사용되었던 지옥도가 유행하기까지 이른다.

　이와 같은 요괴의 형상화와 기록이 가능했던 에도시대를 경험했기에, 근현대 일본에서는 여전히 대중문화에 요괴를 등장시키는 것에 주저함이 없다. 더욱이 '내가 모르는 것', 즉 이질적 존재에 대한 정복 욕망은 근본적으로 사라질 수가 없기에, 어린이 또한 만화를 통해서 요괴를 탐색하고 정복해보고자 한다. 이러한 어린이의 요괴문화에 대한 욕망을 포착한 현대 일본 만화가가 바로 미즈키 시게루(水木 しげる:1922~2015)다. 미즈키는 일본 요괴 만화의 시조라고 할 수 있는데, 다음에서는 그의 작품〈게게게의 키타로(ゲゲゲの鬼太郎)〉에서 이질적 존재인 요괴가 어떻게 묘사되며 소비되어 가는지 살펴보자.

요괴 만화의 원조
게게게의 키타로(ゲゲゲの鬼太郎)

　일본 대중문화 속에 요괴는 다양한 형태로 묘사되어 왔다. 자유로운 여행이 금지되었던 에도시대에 일본 전국의 괴담을 담은 『제국백물어(諸国百物語, 1677)』와 같은 책이 대단히 매력적일 수 있어 크게 유행하였다. 예컨대 인간으로 변신하여 인간과 결혼하고자 하는 너구리 요괴가 등장하는 경우, 인형에 빙의하여 인간 흉내를 내는 경우[3]와 같이 동식물이 요괴로 변화는 경우가 있고, 원한 때문에 애초에 흉측한 형상으로 태어난 경우[4] 등이 있다. 그와 같은 요괴가 묘사된 서적들은 대개가 일본인이 손쉽게 접할 수 있는 일종의 설화집이나 민담집이라고 할 수 있었기에, 미즈키와 같은 특별히 고등 인문교육을 받지 않은 보통 일본인에게도 친숙한 것이었다.

미즈키는 『도설 일본요괴대전(図説日本妖怪大全)』에서 다음과 같이 이야기 하고 있다.

> 나는 어릴 때부터 왠지 요괴, 유령, 신 등의 종류에 관심을 갖고 있었다. 초등학교 삼학년 때 동네에 큰 불이 나서 신사가 불탄 적이 있었다. 목격한 동급생에게 "거기서 뭔가 나왔니?"라고 집요하게 물으니, (중략) 전쟁(제2차 세계대전) 중의 기묘한 체험도 물론이려니와 전후 야나기다 쿠니오의 요괴를 다루는 법이 진지했기 때문에, 역시 그런 것은 세상에 존재한다고 할 수 있는데, 제일 놀란 것은 에도시대의 화가 도리야마 세키엔의 이백 개에 가까운 요괴 그림을 보고 왠지 그 실존을 느꼈다. (중략) 스스로 요괴를 확인하고 파악하고 싶었던 것이다. 즉 콜렉션을 해보고 싶었다.[5]

밑줄 친 부분에서 미즈키가 고백하듯, 요괴에 대한 관심은 '어릴 때부터 왠지' 관심이 생기는 근원적인 것이고, 스스로 확인하고 파악하고 콜렉션하고 싶은, 즉 정복하고 싶은 것이다. 미즈키가 특이하다기보다는 그의 요괴에 대한 욕망은 지극히 자연스럽고 보편적인 것이라고 하겠다. 때문에 〈포켓몬GO〉가 전 세계적으로 어린이부터 성인까지 다수의 팬을 확보할 수 있었던 것이다. 다만 미즈키와 같이 요괴에 대한 욕망을 그림으로, 혹은 글로 남길 수 있는 능력이 있는가는 별개의 문제다.

미즈키는 앞서 살펴본 요괴에 대한 욕망을 만화 〈게게게의 키타로〉를 통해 펼쳐나갔다. 만화 영화 〈게게게의 키타로〉의 구상은 원래 〈묘지 키타로(墓場奇太郎)〉라는 다른 작가의 인기 작품에서 힌트를 얻은 것인데, 1950년대에 종이인형극(紙芝居) 작품인 〈뱀 인간(蛇人)〉, 〈가라테 키타로(空手鬼太郎)〉, 〈가로아(ガロア)〉, 〈유령의 손(幽霊の手)〉이라는 키타로 시리즈에서 비롯된다. 이후 우여곡절을 겪고 1960년대 제1작, 70년대 제2작, 80년대 제3작, 90년대 제4작, 2000년대 제5작에 지속적으로 후지테레비(フジテレビ) 계열에서 새롭게 방영되어, 다양한 세대를 아우르는 국민 만화 영화로 자리매김한다. 사정이 이러하니 일본에서 키타로 만화가 미즈키를 모르면 간첩이라고 해도 과언이 아닐 것이다. 근래에는 미즈키 시게루의 부인이 쓴 자전적 수필 『게게게의 마누라(ゲゲゲの女房)』가 출판되고 이를 NHK방송국의 연속극으로 극화하여 2010년 3월부터 약 6개월간 방영된 것을 보면, 미즈키가 일본의 현대사에서 꽤 중요한 문화인임에는 틀림이 없다.

주인공 키타로는 그 이름이 의미하듯 요괴인 아이, 혹은 요괴로부터 태어난 아이라고 할 수 있다. 키타로의 아버지는 메다마 오야지(目玉おやじ), 즉 눈알 아버지라고 불리며 커다란 안구에 몸이 붙은 형태의 신장 9.9센티미터, 몸무게 33.25그램의 아주 작은 요괴다. 작품마다 그의 활약상은 다양하지만, 대체로 박학다식하고 슬기로워서 아들 키타로를 적극 도와주는 캐릭터다. 원래는 사람이었지만 사후 아들을 걱정하여 눈알에 그 혼이 들어가 형상화된 것인데, 목소리는 높고 카랑카랑하여 주목을 끈다. 이제는 요괴이기 때문에 밟히고 내쳐져도 웬만한 일로는 병들거나 죽지 않고 취미는 밥 그릇 속에서 목욕을 하는 것인데, 이유는 눈물을 흘리는 것을 보여주고 싶지 않기 때문이라고 한다.

이렇듯 인정 많은 키타로의 아버지 메다마 오야지는 요괴이지만 악의 상징이 아니다. 주인공 키타로 또한 요괴와 관련된 사건과 문제를 해결하는 일종의 선의를 지닌 해결사다. 이 때문에 '60년대에도 키타로는 소위 권선징악의 표상으로서 인기를 얻었고, 어린이들의 영웅으로서 활약하였다. 흥미로운 것은 '60년대부터 사용되었던 이 작품의

오프닝 곡 〈모두 함께 부르자 게게게노 게(みんなで歌おうゲゲゲのゲ)〉인데, 이 노래의 가사는 아래와 같다.

> 게게게게게의 게, 아침엔 잠자리에서 쿨쿨쿨
> 즐겁네, 즐거워. 귀신에겐 학교도 시험도 아무것도 없어!
> 게게게게게의 게, 모두 함께 부르자 게게게게게의 게
> 게게게게게의 게, 저녁엔 묘지에서 운동회
> 즐겁네, 즐거워. 귀신은 죽지 않아, 질병도 아무것도 없어![6]

어린이라면. 아니 어른이라도 수십 번은 찬성할만한 가사와 반복되는 중독성 있는 멜로디로 구성된 이 곡은 누구라도 한번 들어보면 잊을 수 없는 〈게게게의 키타로〉의 오프닝 곡이다. 이렇듯 흑백 텔레비전 시절에도 인기를 끌 수 있는 스토리와 구성을 지닌 〈게게게의 키타로〉가 근 반세기 동안 국민적 인기 만화 영화로 거듭나는 데에는 다양한 시도와 노력이 있었다.

우선 주인공 키타로, 그의 아버지인 메다마 오야지와 함께, 훗날 이야기의 주요 멤버가 되는 모래 끼얹는 할멈(砂かけ婆), 우는 아이 얼굴의 할아범(子泣き爺), 목면 한필(一反木綿), 누리카베(ぬりかべ) 등이 60년대 작품에서부터 등장하는데 이들은 모두 관련 전승이 있는 것을 보다 발전시키고 복잡화한 것으로, 이야기가 거듭될수록 그 배경과 활약이 구체적

이고 다양화된다는 재미가 있다. 즉 〈게게게의 키타로〉는 키타로라는 영웅적 주인공이 요괴를 퇴치하는 단순한 퇴마 이야기에 머무는 것이 아니다. 권선징악을 위해 함께 싸우는 요괴 동료들의 구체적인 출신배경과 활약상, 나아가 놀라운 능력이 매 일화마다 새롭게 발견되고 증폭되는 '내가 모르는 것'을 알게 되는 재미가 숨겨져 있는 것이다.

예컨대 키타로의 동료 목면 한필 요괴는 이름 그대로 그 길이가 한 필(10미터)인 면 섬유로 만들어진 하늘 나는 요괴다. 전설 속에서는 어디선가 나타나 사람 얼굴에 휙 하고 둘려져 질식시키는 무서운 요괴인데, 〈게게게의 키타로〉에서는 키타로의 동료로서 권선징악을 돕는 선의의 캐릭터이다. 그러므로 동료들을 태워 멀리 날라 가거나 긴 몸을 이용하여 적을 공격하는 등, 몸을 사리지 않고 키타로 일동을 돕는다. 그러나 목면 한필의 정체는 면섬유이기 때문에 불이나 가위에 약하고, 잘리면 피를 흘린다는 일화도 존재한다. 예컨대 제5작 83화나 94화에서는 흡혈수(吸血樹)에게 피를 빨려 말라비틀어진다든지, 흡혈요괴를 보고 멀리 떨어지는 모습으로 설정된다. 또한 심장이 약하지만 재생능력 덕분에 원상태로 복귀하는 경우도 있다. 또한 원래 가고시마(鹿兒島) 출신이라고 하여 제4, 5작에서는 가고시마 사투리를 사용하기도 한다.

이처럼 〈게게게의 키타로〉에 등장하는 요괴들은 각자의

출생배경과 활약 능력 등이 서로 다르고 개성적이며, 이 때문에 끊임없이 다양한 이야기 전개가 가능하다.

이와 동일하게 애니메이션 〈포켓몬스터〉 속 포켓몬 또한 각기 탄생배경과 활약 능력 등이 서로 다르고, 일정 조건에서 조련을 통해 보다 강해지고 다양한 능력을 부여받게 된다. 따라서 주인공 지우 못지않게 이야기의 초점이 각 포켓몬에게도 맞추어지는 것이다. 포켓몬 각자가 지닌 다양한 이야기와 더불어 변화무쌍한 모습을 매화마다 보여줌으로써 〈포켓몬스터〉의 다양한 줄거리를 전개시킨다. 이렇듯 〈게게게의 키타로〉와 〈포켓몬스터〉는 서로 다른 발상에서 비롯된 작품이지만, 결국 요괴라는 공통의 키워드, 즉 '내가 모르는 것'이란 매력으로써 독자, 혹은 시청자에게 다가가고, 독자나 시청자는 이들 요괴를 파악하고 정복해 가는 기쁨을 느끼며 매료된다.

한편 애초에 〈게게게의 키타로〉는 『별책 소년 매거진(別冊少年マガジン)』, 『주간 소년 선데이(週刊少年サンデー)』, 『착한 어린이(よいこ)』, 『유치원(幼稚園)』, 『소학교 1학년생(小学一年生)』 등 유아를 포함한 어린이들을 대상으로 하였다. 그러나 이윽고 『월간 보석(月刊宝石)』의 1968년 7월호~12월호에는 「키타로의 베트남 전투기(鬼太郎のベトナム戦記)」가 연재된다. 여기서는 베트남 전쟁에서 베트공 편에 선 키타로가 활약하는 등 시사적 문제가 부상하고 사회적 이슈에 관심을 갖는 성인층을

독자로 의식하기 시작한다. 이 때문인지 제2작의 '70년대 작품에는 시사적이고 풍자적인 내용이 다수 확인된다. 나아가 제3작의 '80년대는 필자가 한참 〈게게게의 키타로〉를 시청했던 시절인데, 키타로 일동이 나쁜 요괴를 퇴치하여 권선징악하는 단순한 구도에서 그치지 않았다. 나쁜 요괴도 나름의 사정이 있는 경우나 요괴와 인간의 공존을 이상적으로 보여주는 일화가 눈에 띄기 시작하는 것이다. 제4작 90년대는 과거 원작 시대의 특징을 살리기 위해 음습한 키타로의 성격을 부활시키고, 한편으로 영상기술이나 편집 등을 최신식으로 시험하는 등의 새로운 변화를 보인다. 제5작의 2000년대는 과거 작품을 전제로 하는 일화를 다수 편성하고, 그 후일담으로서 새로운 일화를 전개시키는 방법을 이용한다. 다만 과거에 등장했던 주요 요괴들보다는 새로운 요괴들의 활약이 돋보인다. 나아가 수십 년 동안 소년인체로 살아가는 키타로지만, 나쁜 인간에 대해서는 냉정한 성인의 면모도 보이는 인물로 변모한다.

　이와 같은 〈게게게의 키타로〉가 일본 요괴 만화의 원조로서 백과사전적인 지적, 물적 족적을 남겼다면, 다음에는 1990년대 청소년에게 인간계와 더불어 요괴가 사는 마계(魔界), 사후의 영계(靈界)를 묘사하며 개성적인 요괴 만화를 전개시킨 〈유유백서(幽遊百書)〉를 살펴보자.

이승과 영계, 그리고 마계를 넘나드는
유유백서(幽遊百書)
요괴를 정복하고 사랑을 완성하는
이누야샤(犬夜叉)

〈유유백서〉는 제목에서 드러나듯 유령, 혹은 요괴가 이승과 영계, 그리고 요괴가 사는 마계를 넘나들며 퇴마하고 그 과정에서 격투를 펼치는 이야기다. 〈유유백서〉는 90년대 청소년의 마음을 빼앗은 〈슬램덩크〉, 〈드래곤볼〉과 견줄 정도로 인기가 높아 만화 영화로 방영되었고, 누적 5,000만부 이상 판매된 것으로 집계된다. 전 19권의 만화책으로서는 경이로운 판매부수를 자랑한다.

〈유유백서〉의 주인공인 우라메시 유스케(浦飯幽助:원한 있는 유령이라는 이름)는 중학교 2학년생으로 미성년자인데, 흡연, 음주, 도박 등을 일삼는 불량소년이다. 앞서 살펴본 〈게게게의 키타로〉의 오프닝 곡 〈모두 함께 부르자 게게게노게(みんなで歌おうゲゲゲのゲ)〉에도 기성 사회의 틀에서 벗어나고

싶은 어린이의 염원이 담겨져 있었지만, 주인공 키타로는 비교적 모범적이고 정의로운 소년이었다. 이에 비해 〈유유백서〉의 주인공인 우라메시 유스케는 기성 사회의 규범에서 완전히 일탈한 전형적인 문제아다. 다만 정의감만은 강하여 불의를 못 참고 약자를 돕고자 하는데, 격투기를 좋아하여 격투 대회에 참가한다. 이러한 우라메시 유스케는 자동차에 치이기 직전인 어린아이를 밀치고 대신 뛰어 들어 사망하는데, 영계에서는 예정되지 않은 죽음이라고 하여 영계의 괴수가 될 달걀을 키우고 영계의 탐정역할을 수행하는 조건으로 부활시킨다. 이후 우라메시 유스케는 라이벌인 구와바라 카즈마(桑原和真)와 구라마(鞍馬), 히에(飛影)와 격투를 벌이고, 나아가 함께 이승 및 마계의 요괴들과 격투를 한다. 더 이상 싸울 상대가 없을 때는 격투 그 자체를 위해서 격투 대회를 개최하고 수련한다. 흥미로운 점은 주인공 우라메시 유스케, 구와바라 카즈마, 구라마, 히에 모두 인간계의 존재가 아니라 인간과 마계의 혼혈아이거나 애초에 마계의 존재라는 점이다. 이 때문에 그들은 영력을 지니고 각 개인이 다룰 수 있는 다양한 요술로 요괴를 퇴치하거나 격투를 하며 성장해 나아간다. 이들 주인공과 친구들이 사용할 수 있는 요술은 다음과 같다.

　우라메시 유스케는 손가락 끝에 영기(靈氣)를 집중하고 쏘는 레이간(靈丸), 주먹으로 영기를 집중하고 쏘는 레이코단

(靈光弾), 초고속으로 상대의 몸을 치는 나이조고로시(內臟殺し) 등을 사용할 수 있다. 구와바라 카즈마는 영감이 좋고 영기로부터 만든 검이라 필요에 따라 늘어나고 굽을 수 있는 레이켄(靈劍), 차원을 끊을 수 있어 마계와 이승의 경계인 아공결계(亞空結界)마저도 끊고 다른 차원으로 이동할 수 있는 지겐토(次元刀) 등을 사용한다. 구라마는 애초에 여우 요괴였기 때문에 요력이 있어 식물을 자유자재로 다룬다. 때문에 식물을 무기나 수하로 사용할 수 있다. 히에도 구라마와 같이 마계의 도적이었기에 요력을 통한 불꽃과 검을 사용할 수 있다. 또한, 후천적으로 얻은 사안(邪眼)을 통해 멀리 있는 것도 볼 수 있는 능력을 지녔다.

이처럼 주인공 및 그 친구들은 다양한 요력을 통해 요괴가 인간계에서 일으키는 말썽을 잠재우고, 강제적으로 초청된 암흑 무술회에서 살아남기 위해 요력을 발휘하여 격투에 임한다. 이후 일동은 인간계와 마계를 잇는 경계 터널을 만들어 인간 말살을 꿈꾸는 센스이(仙水)의 존재를 알게 되고, 그에게 협력하는 무리들과 주인공 일동은 사투를 벌인다. 나아가 일동은 마계의 왕을 결정하는 대회를 개최하고 격투를 지속하지만, 결국 다시 인간계로 돌아온다. 그러므로 〈유유백서〉의 재미는 무엇보다도 주인공 일동이 다양한 수행과 난관을 극복하고 성장해가며, 무술과 요력을 통해 요괴나 악의 무리를 퇴치하는 장면이라고 할 수 있다.

주목할 점은 격투를 벌이는 광장이나 동굴 등에서는 항상 방관자로서의 다양한 요괴가 묘사되는데, 이는 누가 보더라도 일반적인 현실이라고 보기 어려운 광경이다. 이렇듯 인간과 이질적인 존재인 요괴가 공존하고 이를 극복하고 정복하는 과정을 겪는 것이 주인공 일동이고 바로 〈유유백서〉라 할 수 있다. 즉 우라메시 유스케와 그 일동은 요괴라는 '내가 모르는 것'을 격투를 통해 파악하고 정복하는 인물들로서, 그들이 애초에 문제아라든지 도적이었다는 기성 사회의 평가는 크게 문제가 되지 않는다. 역설적으로 문제아나 도적에게도 '내가 모르는 것'을 파악하고 정복하고픈 욕망은 다른 이들과 동일하게 내재되어 있다는 것이다.

 이렇듯 〈유유백서〉의 인기는 당시 주인공 일동의 캐릭터에서 비롯되었다고 할 수 있는데, 결국 '내가 모르는 것'을 알게 되는 인물들의 성장 과정 속에서 독자나 시청자 또한 주인공 일동과 함께 요괴를 파악하고 정복해 간 것에 매료되었다고 할 수 있다. 나아가 특출한 한 명의 영웅담이 전개되는 것이 아니라 주인공과 그 일동이 함께 문제를 해결하고 요괴를 정복한다는 점이 〈게게게의 키타로〉와의 공통점이라고 할 수 있다. 이에 비해 요괴와의 격투를 다루면서도 정면으로 남녀 주인공의 로맨스를 섞어 다른 각도에서 비교할 만한 작품이 바로 〈이누야샤(犬夜叉)〉인데, 이를 다음에서 살펴보도록 하자.

〈이누야샤〉는 러브코미디 만화를 특기로 하는 만화가 다카하시 루미코(高橋留美子)의 작품으로 작가의 작품세계는 '루믹 월드'라고 명명될 정도로 특징적이다. 주인공 남녀의 코믹하고 경쾌한 이야기가 전개되면서도, 한편으로 서로 엇갈리는 남녀의 미묘한 심리를 진지하게 잘 묘사한 것으로 유명하고, 특별히 여성 주인공이 청초하면서도 육감적인 인물로 묘사되는 것이 '루믹 월드'의 특징이다. 이 때문에 다카하시의 여성 캐릭터는 일본의 서브 컬쳐계에서 일컫는 모에(萌え) 캐릭터의 원조라는 평가를 받기도 한다. 모에란 만화나 만화 영화에서 등장하는 캐릭터에게 특별한 애정을 느끼는 것을 가리키는데, 모에 캐릭터는 일본 만화 특유의 눈이 크고 입이 작으며 동물의 귀나 꼬리가 붙은 모습, 혹은 하녀와 같이 주인에게 충직한 성격을 지닌 여성 인물을 의미한다. 〈이누야샤〉의 주인공 이누야샤와 히구레 카코메(日暮かごめ)는 큰 눈망울과 작은 입, 뾰족한 턱 선, 긴 머리카락을 지닌 소년, 소녀로서의 청순함을 지녔다. 그런데 그와는 대조적인 육감적 신체를 지녔다고도 할 수 있다. 이와 같은 모에 캐릭터의 남녀 주인공은 일본의 중세 전국시대(戰國時代)를 배경으로 활약하기에 다카하시의 작품 중에서는 예외적으로 남녀 주인공의 러브스토리가 비교적 덜 강조된 작품이라고 평가할 수 있다.

〈이누야샤〉는 그 어떤 소원도 이루어주는 보물 구슬인

시콘노 타마(四魂の玉)를 둘러싸고 벌어지는 인간과 요괴의 갈등과 격투를 줄거리로 한다. 전국시대에 시콘노 타마를 지키던 무녀 깃코(桔梗)와 인간과 요괴의 혼혈아인 이누야샤가 서로 사랑했는데, 함정에 걸려 서로 배신하게 된다. 깃코는 죽기 전 이누야샤를 봉인해 버리고 시콘노 타마를 유해와 함께 태워주기를 부탁하여 이 세상에서 시콘노 타마는 사라진다. 그런데 500년 후인 현대, 신사 지주의 손녀인 히구레 카고메가 신사에 있는 우물을 통해 전국시대에 타임 슬립한다. 이리하여 카고메는 이누야샤와 만나게 되는데, 깃코의 환생한 몸이었던 카고메의 몸에서 문제의 시콘노 타마가 나타난다. 그러나 요괴와의 격투 중에 시콘노 타마가 쪼개어져 흩어지고, 이에 카고메와 이누야샤는 시콘노 타마를 되찾기 위한 모험을 떠나게 된다. 나아가 이누야샤와 깃코의 사이를 갈라놓은 나라쿠(奈落)란 인물을 쫓아가는 과정에서 나라쿠에게 피해를 입은 새끼 여우 요괴 시치호(七寶), 저주 받은 법사 미로쿠(彌勒) 등 다양한 인간과 요괴를 만나 함께 장애를 극복한다. 또한 애초에 원수처럼 지내던 이누야샤와 카고메도 이윽고 서로 이끌리게 되며 미묘한 남녀 간의 러브스토리도 전개된다.

　만화 영화로 방영된 〈이누야샤〉는 격투 장면에서 의외로 공격적이고 사실적인 묘사가 빈번히 등장하고 등장인물들의 원한 관계가 몽환적이지 않고 현실적이라는 측면에서 기존의 '루믹 월드'와는 일별되는 작품이라고 할 수 있다. 특별히 인간과 요괴 사이에서 태어난 반요(半妖)에 해당되는 이누야샤, 나라쿠 등의 존재들이 인간계와 마계 양측에서 환영받지 못하고, 요괴는 기본적으로 포악하고 공격적이라는 설정을 보면, 〈유유백서〉와는 다른 세계관을 읽어 낼 수 있다. 즉 인간과 요괴, 혹은 반요의 공존 가능성을 내비친 〈유유백서〉와 달리, 〈이누야샤〉는 인간과 요괴, 반요의 대립, 그리고 인간과 요괴, 반요의 욕망이 탄생시킨 시콘노 타마를 둘러싼 암투 등에서 공존이나 화합이 불가능한 인간과 요괴, 반요를 묘사하고 있다. 또한 이 모든 갈등이 욕심에서 비롯되었으며, 욕심을 내려놓았을 때 모든 불화는 사라진다는 결론에 도달한다. 이 때문에 카고메는 결국 시콘노 타마의 소멸을 염원하고 그제야 평화가 찾아오는 것이다. 그러므로 〈이누야샤〉는 불교적 세계관에 영향을 크게 받은 작품이라고 할 수 있다. 인간과 요괴의 공존이 기본적으로는 부정되는 세계관을 보여주고 주인공의 이름에 불교의 요괴 개념인 야차(夜叉: 일본 발음 야샤)를 사용하며, 나아가 이누야샤와 카고메가 전생의 인연이었고 욕심을 내려놓았을 때 진정한 평화가 찾아오는 등, 전체적으로 불교적 색채가 짙은 것이다. 그러므로 〈이누야샤〉에서 요괴의 형상이나 성격이 다양하고 사실적이면서도 그 대부분이 퇴치의 대상이 되어야 하는 것은 불교적 세계관에 입각하여 생각하면 지극히 자연스러운 일일 수도 있다.

이처럼 〈이누야샤〉는 앞서 살펴본 〈게게게의 키타로〉나 〈유유백서〉에서 보여준 요괴로 표상되는 '내가 모르는 것'을 파악하고 정복하는 권선징악의 구조에서 한발 나아가 인간, 요괴, 반요의 욕망의 거울인 시콘노 타마, 즉 욕심이야말로 모든 갈등과 불화의 근원이었음을 선언하는 작품으로서 그 의의가 있다. 역설적으로 그와 같은 진지한 메시지를 지닌 작품 전개 및 성격 때문에 〈이누야샤〉는 게임화되지 못한 것으로 보인다. 그러나 격투 장면의 공격적, 혹은 사실적 묘사와 진지한 메시지를 보면, 작가는 유아나 어린이 독자 및 시청자를 염두에 두었다고 하기 보다는 청소년 이상의 독자 및 시청자를 상정하며 작품을 전개해 나갔을 가능성이 크다.

●
포켓몬GO에
요괴문화가 투영되기까지

지금까지 〈유유백서〉와 〈이누야샤〉를 통해, 〈게게게의 키타로〉 이후 다양한 요괴 만화가 일본에서 사랑받고 그 가능성을 확장시켜 왔음을 알 수 있었다. 〈게게게의 키타로〉의 요괴 캐릭터는 권선징악을 위해 설정되었다. 이윽고 〈유유백서〉의 요괴 캐릭터는 파악하고 정복하며 공존해 갈 존재로서 묘사되었다. 또한 〈이누야샤〉에서 요괴는 정복해야 할 대상이요, 인간의 욕심을 반영하는 거울로서 묘사되었다. 즉 몇 개의 요괴 만화만을 살펴보더라도, 일본에서 요괴는 단순히 어린이를 위한 몽환적 캐릭터의 일종에 그치지 않는다. 일본에서 요괴문화는 청소년이나 성인을 위한 인식과 인지의 매개로서도 이용되어 온 것이다. 이 때문에 〈포켓몬GO〉는 단순히 요괴를 잡으러 다니는 어린이들을 위한 게임이 아닌, 성인들이 매몰될 수 있는 인식적, 문화적 배경을 지닌 게임으로 거듭날 수 있었던 것이다.

흔히 일본은 문화콘텐츠의 천국이라고 평가받는다. 현대의 상업 및 과학기술과 맞물려 다양한 캐릭터 상품이 넘쳐나고, 만화 서적, 만화 영화, 게임 등이 서브 컬쳐로 머무는 것이 아니라 대중의 일상에 큰 영향을 주기 때문이다. 그러나 하루아침에 일본문화콘텐츠가 생성되고 상품화 된 것은 아니다. 더욱이 세계적인 관심을 끄는 문화콘텐츠는 전 세계 사람들의 인식 속에서 낯설지 않고 보편적이면서도 흥미를 끄는 요소를 지녀야 한다.

전 세계적으로 사랑받는 헬로 키티는 일본의 회사 '산리오'에서 1975년에 발매한 캐릭터로, 사실 고양이의 형상에 리본을 달고 옷을 입혔을 뿐이다. 지금까지 살펴본 일본 요괴문화의 맥락에서 이해하자면, 헬로 키티도 일종의 요괴라고 할 수 있다. 어떻게 동물인 고양이가 리본을 달고 옷을 입겠는가? 나아가 헬로 키티는 남성인가, 여성인가, 아니면 동물인가, 사람인가? 일본이 아닌 현재 대한민국의 곳곳에서도 꽃 꽂고 사람보다도 비싼 옷을 입은 애완동물을 종종 발견할 수 있다. 이들 요괴는 현실 속의 존재를 살짝 변용하여 이질적인 존재로 만들고, 각 존재에게 개별적인 출생 배경과 능력 등을 부여한 것이다. 나아가 존재 간의 소통과 반응을 통해 새로운 이야기가 전개되는 것, 이것이 사실 괴담이고 요괴문화나 다름 없다. 나아가 리본을 달거나 꽃 꽂은 고양이는 인간이 예로부터 지금까지 살아오며 '내가 모르는 것'을 파악하고 정복하여 이해하고자 한 하나의 패턴이다. 그러므로 〈포켓몬GO〉가 어린이들에게 국한되지 않고 전 세계의 성인층에게도 인기를 끌고 있는 현상은 지극히 자연스러운 요괴문화의 확장적 현상이라고 볼 수 있다. 요괴라는 매개를 통해 이 세상을 이해하고자 한 인간의 보편적인 심리를 일본의 요괴문화는 꿰뚫고 있는 것이다.

1) 박전열·임찬수 외, 『현대일본의 요괴문화론』, 제이엔씨, pp.3~7, 2014.
2) 신이와 이단의 문화사 팀, 『귀신·요괴·이물의 비교문화론』, 소명출판, pp.36~39, 2014.
3) 고영란, 「너구리가 변신을 거듭하는 나라 일본」, 『환상과 괴담』, 도서출판 문, pp.111~112, 2010.
4) 고영란역, 『야창귀담』, 도서출판 문, p.84, pp.138~139, 2008.
5) 『図説日本妖怪大全』, 講談社, pp.497~498, 2009.
6) /www.youtube.com/watch?v=At2FdwQd4rI 참조.

3.

닌텐도의 힘

게임의 본질을 알다. 착한 친구인 척하다

최태화

최태화

우리도 닌텐도와 같은 게임기를 개발하자

2016년 엔화의 가치가 올라간 엔고상황이 연출되었다. 7년 전인 2009년 2월 4일도 상당한 엔고상황이 지속되고 있었다. 당시 이명박 대통령은 지식경제부 직원들과의 점심식사 중 "엔고를 활용한 일본시장 진출대책이 어느 때보다 필요하다"고 하며, "요즘 닌텐도 게임기 갖고 있는 초등학생들이 많은데 일본의 닌텐도 게임기 같은 것을 우리도 개발해 볼 수 없느냐"고 질문하였고, 지식경제부 직원은 "우리가 따라가는 것은 일본 이상이고 게임 소프트웨어도 잘하는데, 소프트웨어와 하드웨어를 결합한 창조적 제품을 개발하는 데에는 일본이 앞서가는 면이 있다"라고 답한다. 이러한 대화가 기사로 나가자, 당시의 한국 IT업계에서는 많은 반발이 있었다. 닌텐도와 같은 창의적인 게임 소프트웨어를 만들 상황을 만들어주지도 않으면서 어떻게 만들 수 없냐고 하는가 말이다.

닌텐도라는 화두가 던져지고 수 년이 지난 오늘날, 이 대통령이 지목했던 닌텐도의 휴대용 게임기는 여전히 건재하고 우리에게 닌텐도와 같은 게임기는 여전히 없다.

본 장은 닌텐도가 걸어온 길을 되짚어 본다. 130여 년간 회사를 지켜온 힘이 무엇인지를 확인하는 공간이 될 것이다.

임천당(任天堂)과 NINTENDO

이미 아주 먼 옛날이야기처럼 들릴 '밀레니엄 버그'란 단어가 유행하던 2000년 4월, 필자는 일본에서 교환학생으로서의 생활을 시작한다. 아직 일본어가 어설펐던 시절, TV 중계에서 보이는 일본프로야구의 구장 펜스에는 임천당(任天堂)이라는 간판이 커다랗게 붙어 있곤 하였다. '임천당이라... 저건 뭐하는 덴데 저렇게 큰 간판에 걸지? 고려당도 아니고 무슨 빵집인가? 돈 많네...'라고 생각했었다.

임천당이 NINTENDO라는 것을 깨달은 것은 SHISEIDO가 자생당(資生堂)을 영어로 쓴 것이라는 것을 깨달았을 때, DO=당, 임천당=임천DO...NINTENDO! 이렇게 되었던 거다.

그래도 고급화장품의 대명사였던 SHISEIDO와 자생당(資生堂)의 괴리감보다 임천당(任天堂)과 NINTENDO의 괴리감이 훨씬 크게 다가왔었다.

  2000년의 일본의 게임시장은 '소니'의 플레이스테이션2, '마이크로소프트'의 X-BOX, '세가'의 드림캐스트, 그리고 '닌텐도'의 게임큐브까지 콘솔게임의 전국시대였다. 그런 회사의 이름이 임천당이라니… 너무 예스럽지 않은가. 그러나 임천당이 무려 110여 년 전인 1889년에 세워진 화투를 만드는 회사였다는 것을 알고 난 이후, '하늘에 맡긴다는(任天)' 회사명이 무척이나 인상적으로 다가왔던 기억이 새삼스럽다.

● 닌텐도의 시작

  닌텐도는 1889년 교토(京都)에서 화투의 제조 및 판매로 사업을 시작한다. '임천당 골패 야마우치 후사지로 상점(任天堂骨牌 山内房治郎商店)'이라고 자신의 이름을 내건 상점에서 초대 사장은 손수 화투를 디자인하고 제작하여 팔았다.

  검은 나무 바탕에 흰 뼈를 붙이고 여러 가지 수효의 구멍을 판 노름 기구를 골패라 한다. 일본에서는 골패라 쓰고 카르타라고 읽는데, 게임의 카드를 뜻하는 말이다. 야마우치 후사지로는 닌텐도를 세계적인 기업으로 만들고 2013년에 타계한 3대 사장 야마우치 히로시(山內溥)의 증조부이다. 후사지로는 그림도 잘 그리고 손재주가 좋던 화가이자 장인으로 알려져 있다. 다만 그저 작업에만 몰두하는 예술가는 아니었다.

야마우치 가문은 원래 교토에서 건축자재인 석회를 취급하던 도매업자였다.[1] 초대 사장의 본업은 예술가가 아닌 석회상이었던 것이다. 그는 1885년에 가업을 물려받았는데, 때마침 정부에서 실시하던 비와호(琵琶湖) 수로 정비 사업에 착안하였다. 미쓰이(三井) 재벌 상층부와도 친분이 있던 그는 그 인맥을 활용하여 일본 최초의 시멘트 제조회사인 오노다 시멘트(小野田セメント)와 계약을 체결하였고, 그 수로공사에 시멘트를 납품하는 데 성공한다. 석회 도매상이었던 그가 당시 새로운 건축자재인 시멘트에 일찍부터 주목하여 취급품목으로 도입하고, 더 나아가 공공사업의 판로까지 개척하는 사업 수완을 발휘한 것이다. 이로 인해 본업인 시멘트 사업은 안정적 궤도에 오를 수 있었고, 얼마 지나지 않은 1889년, 같은 교토 시내에 빈 집을 구입하여 만들기 시작한 것이 화투였다.[2]

게임의 본질 I 갬블 I 인간의 본성 I 제제대상

　아시다시피 화투는 짝 맞추기 게임의 일종이다. 그 놀이 방식은 10세기경 일본귀족들이 행하던 조개 맞추기(貝合わせ)에 기원을 찾을 수 있을 정도로 오랜 역사와 보편성을 지닌다. 일본인들은 16세기경 서양의 선교사들에 의해 처음으로 종이 카드를 접하였는데, 조개껍데기 대신 종이로 만들어진 이 게임도구에 적응하는 것은 일도 아니었다. 일본인들은 이를 포르투갈어 발음대로 '카르타'라 부르며 스스로 제작하였고, 일본산 카르타는 온 나라에 빠르게 보급되었다. 만드는 것이 비교적 쉬우며 놀이방법도 단순하고 오락성이 강하기 때문에 단시간에 널리 보급되었다. 보통 이런 보드게임은 돈을 걸고 놀면 더욱 재미있다. 그 갬블적 성향 때문에, 카르타는 보급과 동시에 위정자들의 규제령이 여러 차례 내려졌으며, 이후 카르타의 제작 및 판매는 줄곧 엄격한 규제를 받게 된다.

　사실 화투도 금령을 피해 18세기 말경에 만들어진 새로운 카드 도안 중 하나였다. 기존 4개의 기호가 12~13장씩 있었던 것을, 숫자나 기호를 사용하지 않고 교육용으로 보이게 하기 위해 12달의 풍물을 4장씩 제작하여 만든 것이다. 즉 화투는 노골적인 노름용 보드게임을 교육용 게임으로 보이도록 한 최초의 시도였다. 그러나 화투의 교육이라는 위장은 그리 성공적이 못하여, 화투 또한 바로 금지된다. 이후 100년 가까이 화투의 공공연한 거래는 이루어지지 못했다. 화투를 파는 자는 도박하는 자와 같은 죄를 물었으며 3범 이상은 징역 1년이라는 법률이 있었기 때문이다(1870년 5월 공포 개정율령 제271조).

규제의 풍선효과 - 다른 방식의 게임 등장

일본이 문호를 개방하고 14년이 지난 1882년에는 새로운 형법이 시행되기에 이른다. 그런데 이 신(新)형법에는 기존 법률에 있던 도박에 사용되는 카드 및 화투 판매에 대한 처벌 조항이 사라지고 없었으며, 제2조에는 '이 법률에 조항이 없는 것은 어떠한 행위라도 벌할 수 없다'고 명기까지 되어 있었다. 판화 도매상을 하던 긴자(銀座) 가미카타야(上方屋)의 주인은 이러한 법률의 틈새에 주목하였고, 내무성에 보고하여 경시청의 검증을 받아 화투를 팔기 시작한 것이 1886년이었다.[3] 닌텐도의 초기 사장은 그로부터 3년 후, 교토에 화투 공장을 세운다. 금령이 풀리고 떠오르는 사업이었던 화투 제작이었기에 그 또한 뛰어든 것이다.

 그러나 1902년에 '골패세(骨牌稅)'가 제정되어 이전 만큼의 고수익을 기대할 수 없게 되었고, 동업자들은 그로 인해 잇따라 망해나가고 있었다. 초대 사장은 또 사업 수완을 발휘해야만 했다. 그 타개책 중 하나는 수입에 의존하던 서양의 트럼프를 일본에서 처음으로 만드는 것이었고, 또 하나가 판매망의 확대였다. 후사지로는 화투와 트럼프의 크기가 담배갑과 규격이 비슷함을 내세우며 담배유통망에 닌텐도의 화투와 트럼프도 함께 올리는 데 성공한다. 계약은 국영기업인 일본전매공사(日本專売公社)와 맺었지만 국영화 전의 경영자였던 '담배 왕' 무라이 기치베(村井吉兵衛)와의 친분 덕분에 얻은 결실이었다. 이로써 상점이 있던 교토 주변에서만 알려져 있던 야마우치의 닌텐도는 일본에서 가장 큰 카드 회사로 성장하게 된다.

일본회사의 힘
데릴사위 풍습

1929년, 닌텐도의 경영권은 후사지로의 데릴사위였던 2대 사장 야마우치 세키료(山内積良)에게 넘어간다. 세키료는 1933년에 좁은 본사를 넓은 옆 건물로 이전하여 사업을 확대 발전시켰으며, 어려운 전시 중에도 그것을 지켜내고 전쟁이 끝난 1947년에는 자체적 유통망으로 판매까지 담당하는 '마루후쿠(丸福)'를 설립, 닌텐도를 지속적으로 성장시킨 공로가 있다.

세키료 또한 딸만 둘이어서 데릴사위를 들였는데, 세키료가 닌텐도의 경영권을 완전히 넘겨받기 2년 전인 1927년에 장녀 기미(君)가 그토록 고대하던 아들을 낳았다. 그가 후에 3대 사장이 되는 야마우치 히로시이다. 같은 해 장녀 기미에게 닌텐도를, 차녀 다카에게 시멘트 사업을 계승시켜 분가시키고 있으니 히로시는 태어나면서부터 닌텐도의 가업을 이을 3대 사장으로 점찍어져 있었음을 짐작할 수 있다.

일본에서는 데릴사위의 풍습이 익숙하다. 가게를 이어갈 자식이 없거나, 있어도 그 능력이 의심될 때 능력을 검증받은 데릴사위를 통해 가게를 잇게 하는데, 일본은 이러한 전통을 통해 회사의 명맥을 오랫동안 이어온 회사가 많다. 참고로 백년 이상의 역사를 가지고 있는 일본의 회사는 850여 개 사가 존재한다.

화투집 도련님 히로시의 리빌딩

히로시가 5살이 되었을 무렵 데릴사위였던 아버지가 다른 살림을 차려 집을 나가버렸고, 히로시는 할아버지 할머니 밑에서 자라게 된다. 가정의 불화와 '화투 집 도련님'이라는 꼬리표 때문에 히로시는 삐딱한 학창생활을 보냈다. 태평양 전쟁이 끝난 후 도쿄의 와세다 대학에 진학하고 결혼을 하고서도 방탕한 생활은 이어졌다고 한다. 그런데 갑자기 할아버지 세키료가 쓰러졌고, 1949년 당시 22살에 불과했던 히로시가 가업을 이을 수밖에 없게 된다.

이때 경영권을 넘겨받는데 있어 유명한 일화가 있다. 히로시가 병상에 누워있는 할아버지에게 "닌텐도에서 일하는 야마우치 가문의 사람은 나 이외에 필요 없다."는 조건을 내걸어서 삼촌과 사촌들이 해고당했다는 일화이다. 도쿄에서 흥청망청 돈을 쓰며 대학생활을 하던 손자의 터무니없는 조건을 할아버지가 어쩔 수 없이 들어준 양 영웅담처럼 전해지는 일화이지만 필자는 어느 정도 합당한 조건이 있기에 실현된 것이라는 생각이 든다. 왜냐하면 1947년 마루후쿠 창설 당시 히로시는 이미 이사로 취임해 있었다. 젊은 히로시에 대한 주변의 원성과 걱정을 빙자한 안 좋은 소문을 할아버지는 익히 들어왔을 터였다. 할아버지는 그러한 손주의 어려움을 이해하고 조건을 들어준 것이 아니었을까. 실제로 이후에도 히로시는 젊은 사장에게 반감을 갖는 기존 중역들을 다수 떠나보냈다.

가업(家業)에서 기업(企業)으로 – 시행착오와 회귀

그토록 싫었다던 '화투집 도련님'이라는 꼬리표였으나 히로시는 할아버지가 시작한 화투 사업을 버리지는 않았다. 오히려 소중히 하였다. 1951년에는 사명을 '닌텐도 골패 주식회사(任天堂骨牌株式会社)'로 다시 변경하였고, 1953년에는 일본

최초로 플라스틱제 트럼프 제조에 성공하였다. 1959년에는 디즈니와 계약을 체결하여 캐릭터 트럼프를 발매하여 대히트를 쳤다. 닌텐도의 카드들을 도박 이미지에서 탈피시키고 아이들도 좋아하는 오락용 장난감으로 거듭나게 한 것이다. 디즈니의 귀여운 캐릭터를 통해 갬블의 위험성을 희석시키는 방법으로 게임의 유저층을 아이들로 확대시켜 지속적인 판매 증진을 가능케 한 것이다. 갬블이라는 나쁜 친구의 모습은 온데간데없고, 트럼프 카드는 어린이들의 귀엽고 착한 친구가 되었던 것이다. 화투는 실패했으나, 디즈니 트럼프는 착한 친구로의 변장에 성공한다.

히로시에게는 닌텐도를 세계 최고의 카드 회사로 만들고 싶은 소망이 있었다. 당시 미국 정부는 일본의 경제 회복을 돕는 프로젝트의 일환으로 일본 기업들에게 미국 현지를 방문하여 시찰할 수 있는 기회를 주고 있었다. 히로시 또한 앞서가던 미국의 트럼프 제조 기술과 노하우를 얻어오고자 당시 세계 제일의 카드 회사인 'US플레잉사'가 있는 미국으로 건너갔다. 그런데 직접 목격한 'US플레잉사'의 모습은 충격적이었다. 세계 1위라는 타이틀이 무색할 만큼 허름한 2층 건물에서 카드를 만들고 있던 광경은 그에게 큰 실망을 안겨준다.

히로시는 카드 사업에 대한 회의를 느끼고 닌텐도의 미래를 걱정하였다. 그리고 할아버지의 화투 사업으로 머물

러서는 닌텐도가 살아남을 수 없다고 판단을 내린다. 그는 귀국하자마자 택시회사를 세워 경영하였고, 이듬해에는 식품회사를 설립하여 인스턴트 밥, 뽀빠이 라면, 디즈니 후리카케 등을 만든다. 1963년에는 사업 다각화의 의지를 다지듯이 사명에서 카드를 뜻하는 '골패'를 빼고 현재의 상호인 '닌텐도'로 사명을 정하였다. 이후에도 러브호텔, 문구류, 복사기, 유모차 등 다양한 상품을 만들어 판매했다.

그러나 사업 다각화를 모색한 기업들 대부분의 스토리가 그러하듯이, 새로 진출한 사업들은 노하우 부족과 열악한 상품성으로 대부분 적자를 면치 못했으며, 그나마 기존의 화투와 카드 사업의 지속적인 이익 창출로 인해 회사가 버티고 있던 상황이었다. 1966년의 울트라 핸드, 1970년의 광선총이 성공을 거두었을 즈음, 히로시는 다각화를 꾀하던 다른 사업들을 접고 오락산업에 주력하게 된다.

1962년, 대학생이었던 스티브 러셀이 세계 최초의 디지털 방식의 컴퓨터 게임인 스페이스워를 개발한다. 보드게임은 비디오게임, 즉 전자오락(오랜만에 써보는 단어이다)으로 변신하고 있었다.

닌텐도 전자오락의 원점 - 게임&워치

닌텐도의 대표적 게임인 슈퍼마리오와 테트리스. 아무리 게임을 하지 않더라도 한번쯤은 이름을 들어봤을 게임들이다. 닌텐도 게임에 대한 분석과 설명은 이미 수많은 책이 나와 있으며, 인터넷만 봐도 거의 모든 게임소프트웨어에 대해 파악할 수 있다. 그리고 한 번쯤 검색해서 확인해 보시길 바란다. 이 책에 담지 못한 수많은 스토리가 그 속에서 숨 쉬고 있으니 말이다.

그런데 게임의 개발 스토리니 타사와의 경쟁과 소송 등의 뒷이야기는 많으나, 정작 실제로 그러한 게임을 가지고 놀았던 사람들의 목소리는 보이지 않는다. 무대 뒷이야기와 감독과 배우의 스토리만 있지, 결과물로서의 작품을 본 사람들의 감상이 없었던 것이다.

이 글은 나의 어린 시절을 함께 했던 닌텐도의 게임들에 대한 개인적인 추억에 대한 이야기일 수도, 한 명의 평범한 게임 유저의 후기일 수도 있다. 그리고 닌텐도가 프리젠트한 게임에 대해 평범한 인간이 어떻게 반응했는지에 대한,

숫자나 통계가 아닌, 누군가를 설득하기에 사용하기에는 너무나 구체적이고 일방적이며 독단적인 글이 될 것이다. 그러나 분명히 소프트&하드웨어를 제공하는 쪽의 누군가가 한 번쯤은 들어줬으면 하는 조용한 목소리이기도 하다.

한국에서의 닌텐도는 소니가 플레이스테이션으로 게임시장에 변화를 가져왔을 때, 그 안티테제로서 닌텐도가 주목을 받은 적이 있긴 하나, 주된 분석의 대상이 되기 시작한 것은 아무래도 2008년 리먼브라더스 경제위기 이후, 휴대용 게임기인 닌텐도DS와 콘솔 게임기인 Wii의 성공 이후가 아닌가 싶다. 마이크로소프트 및 소니와 같은 거대기업의 그늘에서 한국이 닌텐도에 주목할 여력이 없었을 것이다.

그러나 닌텐도의 게임은 70년대 초중반 이후에 출생한 제너레이션들에게는 친구였다. 엄마가 만나지 말라고 했던 나쁜 친구 말이다. 무언가에 대한 보상으로서 만날 수 있었던 친구이자 엄마 몰래 만나야 했던 친구 말이다. 애틋하다. 포켓몬GO에 대한 열풍의 한 구석에는 오래된 친구를 다시 만난 애틋함이 존재한다.

닌텐도의 초창기 게임기였던, 1980년부터 발매되었다고 하는 '게임&워치'를 떠올려 본다. 필자가 '게임&워치'를 손에 넣었던 것은 1983년, 1984년 정도였던 것 같다. '게임&워치'와 함께 떠오르는 이미지가 '84태권브이', 카시오의 얇디얇았던 카드형 태양광계산기, 삼성역 무역센터 자리에서 개최된 달 운석과 우주왕복선이 전시되었던 과학박람회 등을 미루어 보아 그런 것 같다.

　무언가 신비로운 21세기가 우리를 기다리고 있을 것만 같고, 자동차는 곧 하늘을 날아다닐 것만 같은 시대였다. 〈팩맨〉과 같은 탁상형 전자게임기는 이미 몇 가지 색깔이 구현되고 있었던 시기였다. 그런데 '게임&워치'는 전자시계와 같은 액정이었다. 정해진 위치에 정해진 모양으로 만들어진 액정의 표시들은 검은색 아니면 투명하게 표현될 뿐이었다.

　주머니에 넣고 다닐 만큼 작다는 것 외에는 어린 나이에도 이게 굉장히 21세기적이고 '84태권브이' 같은 최신식으로 여겨지진 않았다. 다가가기 쉬운 친구였다. 그다지 전자오락에 집중하지 않고 꽤나 금방 싫증내는 타입(최종 보스를 만난 건 오락실에 있던 더블드래곤 뿐이다)인 나도 이 단순한 게임에는 꽤나 열심이었다. 쌀보리 정도 레벨의 게임인데 재미있는 것이다. 생각해보면 쌀보리 게임은 지금도 재미있다.

　잊지 말아야 할 건, 이건 '게임&워치'였다. 시간이 표시되었고 게임기 뒤편에 접이식 받침대가 있다. 다른 나쁜 친구들은 엄마가 이제 치워라 하면 방 한구석으로 들어가야 했으나, 이 친구는 책상 위 손이 닿을 수 있는 곳에 있을 수 있었던 것이다. 심지어 알람 기능도 있었다!

〈게임&워치〉*

물론 초등학교 3, 4학년이었던 나는 알람기능을 사용하지 않았다. 딱 두 개의 버튼으로 상하나 좌우로 움직이면서 무언가를 받아 내거나 막아내는 게임에 설명서는 필요 없었지만, 디지털시계 시간 맞추는 건 예나 지금이나 설명서를 봐야 한다(조그만 구멍에 무언가를 찔러 넣고 특정버튼을 눌러야 되는 행위 말이다).

그리고 게임의 효과음 또한 시계의 비프음 그것이었다. 고작 높고 낮은 서너 개의 비프음으로 이루어진 효과음은 놀랍게도 30년이 다 되어가는 지금도 생각이 난다. 그런데 이 게임기는 게임 하나에 기계 하나였는데, 기계별 게임의 내용은 달라도 게임의 주인공은 똑같았다. 바로 '미스터 게임&워치'(물론 이 친구의 이름은 이번에야 알았다)이다. 그냥 눈도 없는 검은색의 캐릭터다. 현재 판매중인 닌텐도 3DS용〈대난투 스매시 브라더스〉라는 게임을 사서 플레이 하면, 엄마한테는 다른 친구보다 좀 착해보였던 이 그리운 옛 친구를 다시 만날 수 있다.

대부분 처음 소유했던 게임기였기 때문에 캐릭터만이 아니라 기계 자체에 그리움을 느끼는 사람들도 많다. 닌텐도는 30년이 지난 2010년 4월, 플래티넘 회원들에게 복각판을 만들어 발송한다. 닌텐도는 비디오게임기라도 손때가 묻으면 유년기를 함께 했던 동지나 친구의 개념이 생긴다는 것을 이해하고 있었던 것이다. 닌텐도의 게임기와 유년을 함께한 사람들은 추억을 자극하는 이러한 상술에 기꺼이 넘어가주는 것이다(심지어 고마워하기도 한다). 추억은 소중한 것이다.

이런 옛 친구 중에는 동키 콩도 있다. '게임&워치'는 액정화면이 2개로 이루어진 버전으로 업데이트 되는데, 이 버전에서 동키 콩을 만날 수 있다. 당시의 사용자였던 어린이들에게 동키 콩이 아케이드, 즉 오락실용 게임으로 먼저 나왔다는 등의 스토리는 상관없겠다. 동키 콩은 재미있었다. 그러나 당시의 한국은 일본의 게임이 직접적으로 수입되는 구조가 아니었다. 게임이 발매된 순서에 상관없이 여러 가지 게임들과 캐릭터들이 한꺼번에 등장하던 시기였기에, 당시의 동키 콩이 그렇게 강렬한 이미지를 남기지는 못했던 것 같다.

생각해보면 당시에는 갤러그, 팩맨, 너구리 등의 캐릭터가 더 인상 깊었던 것 같다. 사실 동키 콩에 그 유명한 배관공인 마리오가 처음으로 등장했다는 것도 이제야 안 사실이다. 그러나 동키 콩 또한 미스터 게임&워치처럼 우리들과 같이 자라왔으며, 지금도 보고 싶으면 볼 수 있는 캐릭터이다. 문득 보고 싶어지는 옛 친구처럼 말이다.

물론 여전히 갬블의 요소는 잠복해있다. 그러나 귀여운 캐릭터와 시계 기능은 갬블의 요소를 가려준다. 착한 친구인 것처럼 보인다.

패미컴과 슈퍼마리오

이제 슈퍼마리오 브라더스의 이야기이다. 닌텐도의 패미컴이라는 콘솔과 함께한 마리오는 일본과 미국에서 기록적인 게임으로 기억되며 미국에서 닌텐도의 입지를 결정지었던 게임이라고 전해지긴 하는데, 한국 어린이였던 내게 마리오는 오락실에 있는 친구였다. 패미컴이 한국에 들어오기까지는 시간이 좀 걸렸다. 4~5년이 지난 1989년에서야 현대에서 '현대 컴보이'라는 이름으로 수입되었기 때문이다. 이때까지 패미컴은 있는 집 자식의 것이었으며, 마리오는 그들의 것이었다.

그런데 저 4~5년이란 세월은 한국과 일본의 게임세계를 결정적으로 바꾸어 놓은 시기였다. 일본과 미국이 패미컴에 열광할 무렵, 한국에는 패밀리 컴퓨터(패미컴)가 아닌 퍼스널 컴퓨터(PC)가 보급되기 시작하였기 때문이다. 애플의 애플2, MSX, MSX2, 삼성의 8비트 컴퓨터인 SPC-1000, 매킨토시 등등… 한국은 이런 컴퓨터로 어린이들에게 컴퓨터 프로그램 교육을 시켰으며 점차 컴퓨터가 각 가정에 보급되어 갔다.

그렇다. 부모에게 8비트 컴퓨터는 게임만 할 수 있는 나쁜 친구들이 아니었던 것이다. 21세기에 어울리는 희망찬 단어인 컴퓨터 프로그램을 짤 수 있는 친하게 지내야 할 모범생으로 보였던 것이다. 그러나 우리들에게 그들은 모범생이기 보단 재밌는 친구들이었다. 〈정무문〉, 〈몽대륙〉, 〈스키〉 등… 누군가에겐 그리운 이름의 게임일 것이다. 패미컴이라는 세계적인 트렌드에서는 한발 빗겨나 있었던 셈이다.

그리고 한국의 콘솔게임기 시장은 대우가 1985년에 MSX 컴퓨터의 게임팩을 돌릴 수 있는 '재믹스'를 발매하여 닌텐도에서의 패미컴 역할을 맡게 된다. 재믹스의 성공을 보며, 현대는 4년이 지난 1989년이 되어서야 '현대 컴보이'라는 이름으로 북미산 패미컴을 수입해서 국내에서 팔기 시작한다. 그리고 같은 해에 삼성전자가 '삼성 겜보이'로 세가의 패미컴의 대항기였던 8비트 세가 마스터시스템을 들고 나오며, 나름의 팽팽한 접전이 시작될 무렵, 한국은 16비트 컴퓨터를 교육용 컴퓨터로 정하게 된다. 8비트 컴퓨터의 착한 친구인 척이 들켜버렸던 것이다.

다시 패미컴의 이야기로 돌아가자. 내가 직접 가지고 놀지는 못했던, 선망의 게임기였던 패미컴에는 〈슈퍼마리오〉 말고도 〈드래곤 퀘스트〉, 〈젤다의 전설〉, 〈파이널 판타지〉라고 하는 지금까지 그 버전을 올려 가며 히트를 이어가고 있는 명작 게임들이 존재하였다. 패미컴의 세례를 받지 못했던 우리들에게 도라쿠에(드래곤 퀘스트의 줄임말)의 새로운 버전 게임을 사기 위하여 새벽부터 줄을 서는 모습은, 새로 나온 아이폰을 사기 위해 줄을 서던 모습에서 위화감을 느끼던 것과 아주 유사한 감정을 불러일으켰으며, 심지어 한국의 언론에서는 이러한 모습을 조롱조, 혹은 훈계조로 보도했던 기억이 난다.

롤플레잉 게임(RPG)으로 분류되는 〈드래곤 퀘스트〉는 2017년 11번째 버전이 출시되었다(한글판은 2018년). 〈드래곤 퀘스트〉의 일러스트는 그 유명한 만화 〈드래곤볼〉의 작가인 토리야마 아키라가 맡았고 연출 또한 담당했다. 게임의 내용은 공주가 용에게 잡혀가자 주인공이 모험을 떠나 대륙 전체를 뒤져서 공주를 구해오고 마왕을 잡고 오래오래 행복하게 산다는 내용이다.

그렇다. 그냥 용과 공주와 기사나 왕자가 등장하는 클리셰적인 동화의 스토리이다. 유치하다. 당연히 유치해야 한다. 어린이가 그 대상이니까. 그 동화를 게임을 통해 전달하는 것이 〈드래곤 퀘스트〉의 핵심이다. 그런데 해피엔딩을 보기까지는 몇 십 시간, 아니 몇 백 시간을 투자해야 한다. 그렇게 해서 맞이하는 엔딩은 감동을 주게 되는 것이다. 아마 이해가 안가는 분이 더 많으실 것이다. 필자 또한 그런 부류다. 책으로 읽으면 빨리 읽을 수 있는 이야기를 왜 그렇게 길게 길게 굳이 힘들여 가면서 봐야 하는지… 단지 머리로만 이해할 뿐이다. 궁금하신 분들은 스마트폰용으로 〈드래곤 퀘스트〉가 한글화되어 출시되어 있으니 즐겨보시길 바란다.

다만 〈드래곤 퀘스트〉로 느끼는 감정에 대한 간접경험을 해본 적이 있다. 2009년 여름, 닌텐도DS용으로 드래곤 퀘스트9가 출시되었다. 출시되는 날 회사에 휴가를 내고 줄을 서서 게임을 산 사람이 있었다. 같이 테니스를 치던 31살의 마에다(前田)라는 친구였다. 은행 청원경찰이 직업이고, 유도가 특기인 덩치가 꽤 큰 친구였다. 테니스를 치는 내내 싱글벙글하기에 애인이라도 생겼냐고 물어봤더니 〈도라쿠에〉를 샀다는 것이다. 〈드래곤 퀘스트〉를 '도라쿠에'로 줄여 부르는 줄 이때 처음 알았고, 그 친구에게 그렇게 해맑은 표정이 있는 줄도 이때 처음 알았다.

이 친구에게 이런 면이 있구나 하는 정도로만 생각했는데, 한 주가 흘러 다시 만난 마에다는 굉장히 피곤한 표정이었다. "뭔 얼굴이 그 모양이냐? DS(닌텐도DS) 변기에 떨어뜨렸냐?"라는 농담에 마에다는 "아~어제 새벽에 엔딩 봤어요. 너무 피곤해요. 그래도 감동해서 울었어요."라고 하였다. 직장인이 일주일 만에 엔딩을 보려면 문자 그대로 〈도라쿠에〉를 하루 종일 끼고 있어야 한다는 것쯤은 짐작으로라도 알 수 있었다.

마에다에게 〈도라쿠에〉는 나오자마자 만나야 하는 옛 친구이자, 수많은 텍스트로 이루어진 소설과도 같은 작품인 것이다. 마치 해리포터 시리즈를 읽는 것처럼, 새로운 시리즈가 나올 때마다 기꺼이 그 세계로 들어가 주인공들과 같이 숨 쉬고 살아가는 것이다. 내가 좋아하는 소설이나 영화의 속편을 기다리고 속편이 나오자마자 사서 읽거나 관람을 하고 느끼던 감정과 비슷한 감정을 느끼는 마에다가 낯설지는 않았다. 난 안하겠지만 말이다(소설은 3~7시간, 영화 2~3시간, 도라쿠에 100시간 이상?... 무리다. 난 그렇다).

〈도라쿠에〉, 다시 말해 〈드래곤 퀘스트〉의 건너편에는 〈파이널 판타지〉라는 또 다른 RPG 게임이 있다. 〈드래곤 퀘스트〉가 캐릭터들의 상황 별 대사 등 텍스트 위주의 게임으로 그 스토리의 재미를 추구한다면, 〈파이널 판타지〉는 화려한 그래픽이 강점으로, 닌텐도를 밀어내고 소니의 플레이스테이션을 콘솔게임기 시장의 선두로 나서게 만든 일등공신이다. 패미컴=〈슈퍼마리오〉라면, 플레이스테이션=〈파이널 판타지〉였다(〈바이오하자드〉는?이라고 생각하시는 분도 계시겠지만, 적어도 내겐 이러한 이미지였다).

나의 유년기에 패미컴은 없었기에, 〈파이널 판타지〉도 닌텐도 패미컴의 소프트웨어였었다는 사실은 굉장히 흥미로웠다. 닌텐도는 확실히 사람이 무엇을 좋아하는지, 게임의 본질이 무엇인지 아는 회사이다.

그러나 그것이 닌텐도가 타의 모범이 되는 회사라는 의미는 아니다. 게임의 본질은 상대방의 것을 뺏기 위해, if라는 조건을 걸고 그 조건을 충족시켜 then, 상대방의 것을 win하는 것이다. win의 확률을 높이기 위해서 자기에게 유리한, 혹은 이미 유리한 입장에서의 if를 제시하려고 할 것이다. 닌텐도는 이러한 if를 제시하는 데에 무척이나 능숙하고 교활하고 추한 winner였다. 닌텐도가 이익이라는 위닝의 확률을 높이기 위해 사용했던 솔루션은 롬팩(ROM PACK), 보통 팩이라고 불리던 시스템이었다.

롬이란 시디롬(CD-ROM)에서 알 수 있듯이 읽기 전용으로 다시 덮어쓸 수 없는 메모리를 뜻한다. 롬팩은 읽기전용의 메모리칩으로 저장매체로 칩을 사용하기에 롬팩의 진화형이 USB 메모리라고 생각할 수도 있겠다. 롬팩을 프로그램의 저장매체로 사용한 것은 닌텐도 이전부터로 당시 미국의 전자게임시장을 석권하던 '아타리(ATARI)'라는 회사가 롬팩을 사용하고 있었다.

아타리는 '아타리쇼크'라는 단어로 더 유명한 듯하다. 아타리쇼크란, 아타리가 재미없는 게임의 출시를 거듭한 끝에 파산해버린 사건을 말한다. 전자오락에 대해 '세상 쓸데없는, 유해한, 없애야 될, 호환마마와 같은'이라고 생각하는 분들에게는 천재일우의 기회로 보였을 사건이다. 물론 전자오락에 대해 새로운 세계, 즐거움, 친구라고 생각하는 분들에게는 세상이 무너질만한 사건이었고, 전자오락으로 이익을 얻고자 하는 사람들에게는 새로운 기회이기도 했던 사건으로, 바로 이 아타리의 뒤를 이어서 미국의 전자게임시장을 석권했던 것이 닌텐도의 패미컴이었다. 패미컴도 롬팩을 기억장치로 사용하게 되며, MSX 방식의 컴퓨터도 롬팩을 사용하였다.

이 롬팩의 가격이 다른 저장매체에 비해 많이 비쌌던 모양이다. 닌텐도는 이 안정된 수익원을 버리기 싫었고, 팩의 슬롯의 모양을 조금씩 바꿔서 일본 패미컴의 게임팩이 미국 패미컴에서는 꼽히지 않도록 하는 식으로 수익을 지켜나간다.

롬팩이 비싼 이유는 그 단가에도 있었으나, 당시의 다른 저장매체와의 비교우위가 확실했던 점도 있었다. 테이프 드라이브(그렇다 그 음악 듣는 카세트테이프다)가 흔히 저장매체로 사용되던 시절이었기 때문이다. 플로피디스켓이 나오기까지는 아직도 시간이 필요했다.

일본의 스탠더드를 따랐던 MSX, MSX2는 패미컴과 마찬가지로 소프트웨어의 저장매체로 롬팩을 사용하였다(게임팩으로 게임을 하였다는 뜻이다). 그러나 8비트 퍼스널컴퓨터로 게임을 하는 친구들은 카세트라디오처럼 생긴 테이프 드라이브에 정무문 같은 게임소프트를 넣고, 조그만 구멍에 드라이버를 넣고 돌려가면서 헤드를 맞추고는(당시에 어린이가 보기에도 삽질이었다. 그리고 아직도 헤드를 맞춘다는 행위의 의미를 모르고 있다) 30분씩 로딩을 해서 게임을 하였던 것이다. 그에 비해 팩은 슬롯에 꼽으면 바로 플레이를 할 수 있었다.

그러나 시간이 흘러 플로피디스켓의 시대가 오고(플로피디스켓은 일본이 발명하였다), 다음은 시디롬의 시대가 다가오고 있었다. CPU 또한 8비트에서 16비트로 빠르게 전환되고 있었다. 한국이 16비트 컴퓨터를 교육용 컴퓨터의 표준으로 삼겠다고 선언하기 1년 전이자 서울 올림픽이 열린 1988년, '세가'는 세계최초로 16비트 콘솔게임기인 메가드라이브를 출시한다. 킬러 소프트웨어로 다들 한번쯤은 본 기억이 있을 것이라 생각되는 〈소닉 더 헤지혹〉을 발매하고 폭발적인 인기를 얻으며 닌텐도를 앞서가기 시작했고, 1991년에는 시디롬 드라이브를 장착하게 된다(메가CD). 바야흐로 콘솔게임은 롬팩에서 시디롬의 시대로 접어들게 된 것이다.

플레이스테이션과 파이널 판타지7

앞서 닌텐도는 위닝의 확률을 높이는 데 익숙하다고 언급하였다. 시디롬의 시대로 접어들 무렵, 패미컴은 16비트의 슈퍼패미컴이 되어 있었고, 슈퍼패미컴의 차세대 게임기를 준비해야 할 시점이었다. 이때 돌연 소니가 닌텐도에 시디롬 드라이브 개발을 제안하고 나섰는데, 이때의 프로젝트 코드네임이 플레이스테이션이었다. 한참 프로젝트가 진행되는 중, 안정적인 수익을 올리던 롬팩을 버리고 소니가 표준을 가지고 있는 시디롬으로 옮겨 가는 것에 대한 경제적 면에서의 우려의 목소리가 나왔다. 그리고 소니가 CD로 출시되는 소프트웨어의 라이선스 권리를 원하자, 소니와의 협력이 결국 소니로의 종속으로 귀결될 것이라는 회사의 존폐가 걸린 문제에까지 이르게 된다. 닌텐도는 소니와의 오피셜 계약발표 직전에 프로젝트를 백지화 시켜버린다.

이때 소니 측의 책임자는 구다라기 켄(久夛良木 健)이라는 또 한명의 걸출한 인물로, 닌텐도의 대응에 제대로 열이 받았다고 한다. 구다라기는 회사를 설득하여 당시의 어마어마했던 소니가 봤을 때는 파이가 너무 작아 보였던 콘솔게임시장에 참여하게 하였고, 차세대의 게임기 시장을 리드하기 위해 1994년 12월, 닌텐도와 세가보다 먼저 차세대 게임기를 출시한다. 그리고 그 게임기 이름은 당연하게도 플레이스테이션이었다.

뒤이어 출시된 세가 새턴, 닌텐도64와의 경쟁은 정말 치열했다. 일본에서 그렇게 게임 광고가 텔레비전에서 많이 나오던 때도 드물었을 정도였다. 이 경쟁의 한가운데에서 플레이스테이션을 우뚝 설 수 있게 해준 게임이 바로 〈파이널 판타지〉였다. 〈파이널 판타지〉는 〈드래곤 퀘스트〉의 아류작으로 시작한 닌텐도 패미컴의 게임이었으나, 버전을 올려감에 따라 슈퍼패미컴 시기쯤에는 〈드래곤 퀘스트〉와 쌍벽을 이루는 게임으로 성장하였다. 이런 게임은 게임기의 간판이기 때문에 경쟁사로 넘어가는 일은 좀처럼 일어나지 않는데, 〈파이널 판타지7〉은 플레이스테이션의 게임으로 출시되게 된다.

당시에야 뭐 그런가 보다 했다. 한국은 486의 시대였기 때문이다. PC통신, 번개, 〈삼국지(게임이다)〉, 〈심시티〉, 〈에이지 오브 엠파이어〉, 〈둠2〉, 〈페르시아의 왕자〉 등, 한국의 X세대(한 12년 만에 써보는 단어인거 같다)들에게는 오히려 이런 게임들이 옛 친구들이다. 〈파이널 판타지〉 등의 게임은 컴퓨터 잡지에서나 보고 '아 그런가보다 언제 컴퓨터 게임으로 나오지?' 뭐 이런 느낌이었다.

〈파이널 판타지〉를 만드는 회사는 스퀘어였다(드래곤 퀘스트의 회사는 에닉스다. 이후에 스퀘어와 에닉스는 합병하여 현재의 스퀘어에닉스가 된다. 난 오락보다 이게 더 재밌다). 게임기를 만들지 않고 소프트웨어만을 판매하는, 소위 서드파티 게임회사였다. 슈퍼패미컴 시절, 닌텐도는 스퀘어와 합작으로 〈슈퍼마리오 RPG〉라는 게임을 개발하였는데 이 과정에서 스퀘어는 어지간히 을의 설움을 당했나 보다(역시 닌텐도는 게임을 유리하게 끌고 가는데 능숙하다). 스퀘어는 서드파티에게 좀 더 자유를 주는 소니로 옮겨가게 되었고, 〈파이널 판타지7〉은 플레이스테이션에서 플레이할 수 있게 되었다.

플레이스테이션은 소니답게 회사의 첫 게임기였음에도 불구하고 3D 구현에 심혈을 기울여 기계적 성능과 완성도, 디자인 면에서 훌륭하였다. 시디롬으로 게임을 로딩시켰기 때문에 로딩에 시간이 걸린다는 단점은 있었으나, 롬팩보다 훨씬 큰 용량으로 미려한 동영상과 음악을 구현할 수 있었다. 〈파이널 판타지7〉은 이러한 기계성능에 힘입어, 영화와 같은 오프닝, 동영상에 크게 뒤떨어지지 않게 느껴지는 플레이 화면과 효과음, CD라는 외형 등, 당시에 없던 비주얼을 추구하였고, 소니의 플레이스테이션은 닌텐도의 슈퍼패미컴, 세가 새턴은 물론이고 뒤이어 나온 무려 64비트 CPU를 자랑하는 닌텐도64에도 완승을 거두며, 콘솔게임기 시장의 챔피언이 된다.

마이크로소프트의 참전, 세가의 항복, 닌텐도의 위기

조금만 더 이야기 해보자. 닌텐도와 소니의 싸움에 가장 피해를 본 건 3위였던 '세가'였다. 세가는 이를 만회하기 위하여 소니의 차기작인 플레이스테이션2와 대적하기 위한 드림캐스트라는 콘솔을 런칭한다. 닌텐도는 시디롬의 시대라는 것을 인정하고 처음으로 시디롬을 채택한 게임큐브를 런칭한다. 그런데 미국의 '마이크로 소프트'가 X-BOX라는 새로운 콘솔과 〈헤일로〉라는 간판 게임을 런칭하며 게임기 시장에 뛰어든다. 이 라운드에서 결국 세가는 콘솔기 시장에서 철수를 결정한다. 닌텐도의 게임큐브는 3위로 밀려난다. 다음 라운드에서의 닌텐도는 세가와 같은 길을 가게 될 것을 누구나 예측하고 있었다. 이때가 바로 앞서 필자가 임천당이라는 간판을 보고 저건 무슨 빵집이지라고 생각하던 서기 2000년이었다.

집에 컴퓨터 2대를 잘 두지 않듯, 콘솔 게임기를 2대 이상 소유하기란 쉽지 않은 일이다. 장소는 둘째 치더라도 금전적인 문제도 있으니 말이다. 텔레비전에서는 거의 전쟁처럼 게임과 게임기의 광고가 현란한 게임의 플레이 화면과 함께 나오고 있었다. 무언가 나도 21세기에 동참하고 싶었다. 대충 초기 비용이 3만 엔 정도 들었던 것 같다. 적지 않은 돈이었으나 나도 콘솔이라는 걸 사 보고 싶었다. 이쪽 세계의 게임을 해보지 않던 뉴비(게임이나 커뮤니티 사이트에서 들어온지 얼마 안 되는 유저나 초보자들을 말한다.)의 입장에서 세가와 닌텐도는 고려대상에 들지도 못했던 거 같다. 내게는 드래곤 퀘스트나 소닉과 같은 옛 친구가 없으니 말이다. 가장 멋있어 보이고 21세기스러웠던 〈파이널 판타지7〉의 뒤를 이어 더 화려하고 멋있어진 〈파이널 판타지8〉이 기다리고 있는 플레이스테이션2를 사야만 했다. 다만 마이크로소프트에서 X-BOX가 곧 나온다는 뉴스에 망설였을 뿐이었다.

플레이스테이션2를 구입했을 무렵은 임천당이 닌텐도라는 것을 알게 된 이후였으나, 내 옛 친구였던 미스터 게임&워치와 동키 콩의 주인이 닌텐도인 줄은 아직 모를 때였다. 세가가 곧 콘솔시장을 떠날 것 같다는 뉴스와 함께 닌텐도는 그저 3등의 회사였다.

일본에서의 교환학생 생활을 마치고 한국으로 돌아올 준비를 할 무렵, 결국 세가의 하드웨어 시장 철수 소식이 전해졌다. 다음은 닌텐도였다. 전국이 대~한민국의 함성으로 뒤덮이기 조금 전인 2002년 5월, 한국은 〈스타크래프트〉의 시대였다. 한국에서의 바쁜 대학원 생활 속에 마이크로소프트가 닌텐도를 인수하려 한다는 소식을 접했다. 자연스레 세가가 퇴장하던 모습이 오버랩 되며, 게임시장이 일본의 독무대에서 미국과 양분되고 있음을 절감하게 된다. 그렇게 닌텐도라는 이름은 잊혀 가고 있었다.

●
게임보이와 포켓몬스터

그런데 잠시 시간을 1989년으로 되돌려 보자. 닌텐도는 게임보이란 휴대용 게임기를 발매한다. 게임보이는 나의 옛 친구인 게임&워치의 업그레이드판이었다. +자 키패드와 2개의 버튼으로 상징되는 게임보이는, 게임&워치와 마찬가지로 흑백의 액정화면을 가지고 있다. 그 디자인은 21세기 스러운 최첨단의 잘나가는 친구의 모습이라고 하기보단, 미래스럽긴 하나 어딘가 조금 어수룩한 〈백 투 더 퓨처〉의 드로이안과 같은 모습으로 다가오는 디자인이었다(어디까지나 필자가 느꼈던 당시의 이미지이다). 또한 그런 방향으로 다양한 디자인으로 출시되어 미국, 유럽, 일본 등 세계의 어린이에게 사랑을 받아, 일본에서만도 약 3천 2백만 대, 전 세계로는 무려 약 1억 2천만 대가 팔린 제품이 된다.

게임보이와 함께 발매된 킬러 소프트웨어로는 〈슈퍼마리오랜드〉가 있다. 슈퍼마리오란 친구를 집 밖으로 데리고 나가 다른 친구들과 모여 같이 놀 수 있게 해주었던 것이다. 그리고 또 하나의 킬러 소프트웨어로 모두에게 익숙한 〈테트리스〉가 있다.

이때 한국은 전두환 전 대통령의 백담사 행 등, 서울 올림픽이란 잔치의 뒷정리로 어수선한 때였다고 기억한다. 앞서 언급했듯이 현대가 컴보이라는 이름으로 이제 막 닌텐도의 패미컴을 수입한 해이기도 하다(게임보이는 2년 후인 1991년에 미니컴보이란 이름으로 역시 현대에서 발매한다). 당시 한국은 16비트 컴퓨터에서 286, 386 컴퓨터로 빠르게 이동하던 시기로, 이 당시의 〈스타크래프트〉와 같은 게임이라고 하면 〈페르시아의 왕자〉를 들 수 있을 것이다. 컴퓨터의 업그레이드와 함께 페르시아와 왕자의 그래픽이 발전하는 모습은 새 컴퓨터를 산 친구의 자랑이자 부러움의 대상이 된 시절이었다. 그래서 한국에서의 게임보이(미니컴보이)는 미국이나 일본과 같이 어린이의 필수품은 아니었던 것 같다. 그저 학원을 왔다 갔다 하는 어린이들이 놀이터 근처에서 삼삼오오 모여서 같이 놀던 게임기로 기억된다. 게임보이는 질풍노도의 시기였던 필자의 친구는 되지 못했다. 그러나 게임&워치에 느끼는 애틋한 감정을 게임보이에게 느끼는 세대들도 분명히 존재한다.

  그렇게 6~7년이 지나가고 1996년이 된다. 콘솔에서 닌텐도와 소니, 세가가 전쟁을 벌이던 시기이자 486의 시대이자, 온라인의 시대가 막 시작되던 시기였다. 처음부터 어수룩했던 게임보이의 흑백 액정은 너무 오래된 물건이었고, 게임보이를 친구로 여기던 어린이들은 이미 커버려서, 손에서 게임보이를 내려놓고 있던 시기에, 갑자기 〈포켓몬스터〉가 등장한다. 포켓에 넣고 다니던 게임보이에 갑자기 몬스터들이 살기 시작했다.

  이미 널리 퍼져 있던 게임보이라는 플랫폼을 타고 몬스터들이 기하급수적으로 번식하기 시작했다. 이름부터 피카츄다. 색깔도 노란색이다. 전혀 위협적이지 않은 몬스터들이다. 그리고 지금까지 전자오락의 세계에 살지 않았던 여성들이 보기에도 피카츄는 사귀면 안 될 나쁜 친구가 아니었던 것이다.

용 한 마리를 죽이고 공주를 구해오는 스토리가 서양의 것이라면, 만화의 드래곤볼이 그랬듯이 여러 곳에 흩어진 보물을 찾으러 모험을 떠나, 괴물이나 악당들과 대결하는 스토리는 확실히 일본의 것이 아닐 수 없다. 이러한 스토리는 일본의 에도시대까지도 거슬러 올라가, 쿄쿠테이 바킨(曲亭馬琴)의 『팔견전(八犬伝)』의 중요 모티브로 사용되고 있다. 몬스터를 잡으러 여러 곳을 다닌다는 〈포켓몬스터〉의 스토리는 일본인에게는 익숙한 전개로 다가왔으며, 반대로 서양에는 너무나 참신한 스토리 전개로 다가갔던 것이다.

또한 서민들을 위한 대중문학과 대중예술이 발달했던 에도시대에는 하나의 스토리가 인형극으로, 가부키로, 음악으로, 소설로, 그림으로 재생산되는 것은 상식이었다. 다시 말해 원 소스 멀티 유즈(One source multi use)의 방법은 전혀 새로운 것이 아니었고 당연한 전개였던 것이다.

따라서 〈포켓몬스터〉는 이 당연한 전개를 따라 수많은 매체로 재생산 되게 되는데, 먼저 만화와 애니메이션으로 전개되어간다. 이 귀여운 피카츄가 등장하는 애니메이션을 통해 그리고 애니메이션에서 파생된 굿즈(GOODS), 즉 인형, 장난감, 문구류 등을 통해 피카츄는 여자아이들에게도 부모에게도 사귀어도 좋을 착한 친구로 여겨지게 된다. 닌텐도는 지금까지 닫혀 있던 여자아이라는 유저 층을 개척하게 되었다. 게임보이의 유저는 두 배로 늘어난다.

지금의 세대가 마징가에 대해서 그러하듯이 필자의 세대에게 있어서 피카츄는 그렇게까지 공감이 가는 친구는 아니다. 그러나 1996년도에 어린이였던 누군가에겐 다시보고 싶은 친구이며, 한 번쯤은 상상해봤던 꿈은 포켓몬 대전일 것이다. 이러한 꿈을 〈포켓몬GO〉가 이루어주고 있는 것이다. 그리고 그 누군가의 숫자는 1억 2천만 명이다.

〈포켓몬GO〉의 유행에는 1억 2천만 명의 옛 친구에 대한, 그리고 옛 추억에 대한 애틋함이 자리 잡고 있는 것이다. 포켓몬이 비록 나의, 여러분의 옛 친구는 아닐지라도 그 누군가의 추억 찾기로 〈포켓몬GO〉를 파악한다면, 그때의 열풍을 포켓몬 세대의 불안한 현실에 대한 방어기제로서의 퇴행(Regression)으로 이해할 수 있을 것이다. 필자의 스마트폰에 게임&워치의 에뮬레이션이 들어 있는 것처럼 말이다.

앞서 언급했듯이, 2000년 이후의 콘솔게임시장은 소니의 플레이스테이션이 지배한다. 플레이스테이션2의 성공을 통해 콘솔게임시장을 장악한 소니는, 닌텐도의 게임보이가 차지하고 있던 휴대용 게임기기 시장의 파이도 가져오기 위해 2004년, 'PSP(PLAY STATION PORTABLE)'를 발매하여 제2의 워크맨 시대를 열고자 하였다.

닌텐도DS

포켓몬의 인기는 여전하였고, 게임보이는 여러 차례의 업그레이드를 통해 개선되어 왔으나 그 유통기간은 끝나가고 있었으며, 소니의 PSP 출시가 예정되어 닌텐도로서는 차세대의 게임기기가 필요하게 되었다. 그렇게 해서 세상에 나오게 된 게임기가 닌텐도DS다.

〈닌텐도DS〉**

최신의, 최고의, 멋진, 슬릭한, 하이테크널러지스러운 PSP와는 반대로 NDS는 게임&워치와 게임보이의 디자인을 계승하여, 터치스크린이라는 신기술을 장착하였음에도 불구하고 매우 21세기스럽지는 않으나 다가가기는 쉬운 디자인을 채택한다. 디자인만 계승한 게 아니라, 〈슈퍼마리오〉, 〈드래곤 퀘스트〉, 〈포켓몬〉 등의 친구들도 계승한다. 마에다가 드래곤 퀘스트로 밤을 꼬박 새웠던 게임기가 바로 닌텐도DS였다. 소니의 제2의 워크맨 시대는 오지 않는다.

닌텐도DS와 두뇌 트레이닝

이렇게 활발한 게임시장이 펼쳐지던 일본이었고, 닌텐도와 함께 커온 어린이들이 어느덧 사회인이 되기 시작하였기에, 일본사회는 전자게임에 대해 굉장히 긍정적이었을 것 같았지만, 전부가 긍정적인 것은 아니었다. 일본도 각종 사회문제, 이를테면 청소년 비행과 히키코모리와 같은 사회부적응자 증가 등의 원인을 이러한 전자오락에서 찾고 있었기 때문에, 규제에 대한 목소리가 커져가고 있었던 것도 사실이다. 게임에 대한 부정적 평가가 한국에서만 있는 것이 아니라는 것을 한국의 게임회사들도 이해했으면 좋겠다. 비슷한 필드인 것이다.

화투에 대한 규제를 트럼프 카드의 생산과 유통망의 확대로 피해갔듯이, 닌텐도는 규제에 대해 반발하지 않고 적응한다. 전자 게임에 대한 부정적 인식이 차츰 커져 갈 무렵, 닌텐도는 다시 한 번 어른들에게도 직접적인 게임유저에게 착한 친구처럼 보이는 게임을 발매한다. 바로 〈뇌 단련〉(매일매일 DS 두뇌 트레이닝)과 〈뇌 단련2〉(매일매일 더욱더 DS 두뇌 트레이닝)이다.

과거의 게임&워치는 시계도 되는 게임기였다. 닌텐도DS는 공부도 할 수 있는 게임기기 된 것이다. 이렇게 해서 닌텐도DS는 여성층만이 아니라 지금까지 게임과는 관계없었던 사람들도 유저로 편입시켜갔다. 닌텐도DS는 같이 있으면 왠지 나도 똑똑해질 것 같은 친구가 되었다. '가정의 의학', '토익 테스트 DS 트레이닝', '마법 천자문 DS', '한글삼매경 DS'... 이러한 소프트웨어들이 실제로 교육에 얼마나 도움이 되었는지는 중요하지 않다. 착한 친구로 보이면 되는 것이다. 이 착한 친구는 팩(카트리지라고 불리나, 본질적으로 팩이다)을 바꾸면, 때로는 〈포켓몬〉도 되고, 〈마리오〉도 되는 것이다.

닌텐도 Wii

한편 소니는 2006년 11월, 플레이스테이션2에 이어 또다시 초고스펙의 멋진, 화려한, 슬릭한 콘솔게임기를 표방하는 '플레이스테이션3'을 출시한다. 멋지다. 그래서 발매초기에 초도물량 40만 대가 하루만에 팔릴 만큼 폭발적인 인기를 얻는다. 가지고 싶다. 그러나 너무 멋지고 거창해서 결혼까지 한 남자가 거실 티비 밑에 두기엔 꺼려진다. 플레이스테이션3이 집에 있으면, 너무 게임을 사랑하는 것으로 보인다. 대개의 와이프는 남편이 이런 거 하는 거 안 좋아한다. 좀 그렇다. 나는 철이 들었는데, 이 나쁜 친구는 아직도 어릴 때 그 모습으로 멋지다. 안 그래도 멋진 게임의 그래픽들이 더 화려하고 멋있어졌다. 그런데 게임 자체의 스토리와 방식은 그다지 달라지지 않았다. 아무리 21세기스럽고, 최첨단이고, 컴퓨터그래픽의 정수여도 게임은 게임인 것이다. 화려한 그래픽이 게임의 재미를 보장하지 않는다는 것은 플레이스테이션2에서 이미 경험한 바 있다. 30대가 된 세대는 이제 플레이스테이션3를 구입하기가 망설여진다. 애틋할 만큼 오래된 옛 친구도 아니고 말이다.

거의 비슷한 시기에 닌텐도는 플레이스테이션3의 대응기로 'Wii'를 내놓는다. Wii가 실패한다면 닌텐도는 하드웨어 시장을 포기했던 세가와 같은 전철을 밟을 것이다. 그리고 아마 그렇게 되리라는 예상이 많았다.

이런 상황에서 등판한 Wii는 그저 깔끔하고, 눈에 띄지 않으며, '나 잘 나가'하는 느낌을 풍기지 않으며, 전혀 위협적이지도 않은 모습이었다. 그래도 'Wii리모컨'이라는 독자적이며 최신식이기도 한 체감형 컨트롤러가 채용되었다. 이 컨트롤러는 휘두르면 야구배트도 되고, 테니스라켓도 되고, 칼도 된다. 또한 겨누면 총도 되고 활도 된다. 21세기에 맞는 컨트롤러가 아닐 수 없었다. 그런데 이마저도 마치 가정용 무선전화기와 비슷한 모양에 친숙한 +자형 패드와 버튼 2개라는 전혀 최신스럽지 않은 모양으로 출시되었던 것이다. 또한 스키도 되었다가, 스노보드도 되었다가, 피트니스와 요가의 트레이너도 되는 '밸런스 Wii보드'라는 거치형 컨트롤러 또한 체중계와 비슷한, 튀지 않는 디자인으로 출시되었다.

이런 컨트롤러로 즐기는 게임의 캐릭터는 여전히 동키콩과 슈퍼마리오, 그리고 2등신의 귀여운 캐릭터들이 대부분이었다. 새로이 개척한 여성층에 대한 어필이다. 그러나 곧 아마도 리얼한 캐릭터로 리얼한 스포츠 게임을 즐길 수 있을 만한 컨트롤러로 보였다. 이러한 컨트롤러를 채용한

Wii가 출시될 것이라는 뉴스를 본 필자는 드디어 야구게임과 테니스 게임을 직접 배트와 라켓을 휘두르며 리얼하게 즐길 수 있는 시대가 왔음을 느끼며, 이건 꼭 살 거라며 와이프를 설득한다.

"엄마 이건 시계도 돼!"
"엄마 이건 머리도 좋아진대!"
"여보 이건 요가도 할 수 있어!"

닌텐도는 게임&워치에서 게임&공부로, 그리고 게임&피트니스로 언제나 게임에 무언가 다른 가치를 붙여줬던 것이다. 1+1은 비단 게임기만이 아니라 어떠한 상품이든 자기합리화에 상당히 효과적임은 체험적으로 알 수 있다. 또한 누군가를 설득할 때에도 상당히 효과적인 것이다. 이렇게 해서 닌텐도는 나이든 여성층이라는 새로운 유저 층도 선점하게 되었고, 나는 Wii를 가지게 된다.

화투회사의 시대부터 닌텐도는 사회가 게임에 결코 호의적이지 않다는 것을 긴 시간을 통해 체득하고 있었다. 어쩌면 닌텐도 자체도 자기합리화를 하고 있는 줄도 모른다. 우린 나쁜 친구가 아니라는 자기합리화 말이다. 닌텐도는 시대의 역풍에 맞서지 않고 언제나 착한 친구의 포지션을 유지하였다.

Wii는 몸을 움직여서 플레이하는 콘솔게임이다. 몇날며 칠을 가만히 앉아서 게임에 집중하는 아이들의 모습에서 모든 아동 및 청소년의 사회문제의 원흉으로 포인팅되던 콘솔게임에 운동의 요소를 첨가한 것이다. 닌텐도는 또다시 사회로부터 긍정적인 평가를 받게 된다. 또다시 아이 곁에 둬도 좋을 착한 친구가 된 것이다.

〈WiiFit Plus〉***

2007년 이후, 전대미문의 세계금융위기를 겪으며 전 세계가 경기침체를 겪게 된다. 소니와 마이크로소프트도 예외는 아니었다. 그런데 이 와중에 닌텐도는 Wii와 닌텐도 DS의 업그레이드 버전(3DS)으로 세계적으로 성공을 거두며 홀로 고성장을 지속하며, 소니로부터 게임시장의 왕좌를 탈환하게 된다. 그럴 수 있었던 닌텐도의 비결에 대해 세계가 주목하였으며 닌텐도의 성공사례에 대한 분석서, 닌텐도의 경영방법을 찬양하는 경영지침서 등이 쏟아지기 시작하였다. 한국에서도 이러한 책의 번역서와 분석서 등의 출판이 이어지기 시작했다.

질문에 대답하다

이제 "요즘 닌텐도 게임기 갖고 있는 초등학생들이 많은데 일본의 닌텐도 게임기 같은 것을 우리도 개발해 볼 수 없느냐"는 2009년의 질문에 대답을 할 시간이다. 우선 대답의 전제로 2007년에 애플의 아이폰이 출시되었고, 2009년에야 한국에도 아이폰이 발매되었다는 것을 인지하자.

모범답안이다. "이제는 스마트폰의 시대입니다. 게임기는 도태되어 갈 것입니다. 굳이 개발할 필요는 없습니다."

한 지경부 직원의 대답이 "우리가 따라가는 것은 일본 이상이고 게임 소프트웨어도 잘하는데, 소프트웨어와 하드웨어를 결합한 창조적 제품을 개발하는 데에는 일본이 앞서 가는 면이 있다"였다. 먼저 콘솔게임시장에서 일본과 미국이 혈전을 벌일 때 단 한 번도 참전해본 적도 없는데, 무얼 보고 '일본 이상'이라고 착각할 수 있는 걸까?

그런데 '게임 소프트웨어도 잘하는데'라고 하는 게임소프트웨어는 대체 무엇일까? 콘솔게임시장은 아케이드, 즉 오락실 게임과도 연결되는 게임시장이다. 오락실 게임 중에 한국게임이 있던가? 심지어 아직까지도 시끄럽고 마치 한국의 소프트웨어처럼 들리는 그 유명한 〈바다이야기〉 또한 일본 것이다(海物語). 물론 콘솔이 아닌 컴퓨터 게임이라면 이야기가 조금 달라진다. 하지만 질문은 콘솔게임의 소프트웨어에 대한 질문이었다. 답은 잘못 되었다.

또한 닌텐도와 같은 창의적인 게임 소프트웨어를 만들 상황을 만들어주지도 않으면서 어떻게 닌텐도와 같은 게임을 만들어내라고 하냐고 반발했다는 한국 IT업계에게도, 일본도 게임을 만들어내는데 천국과도 같은 조건은 아니라는 것을 말해주고 싶다. 닌텐도는 착한 친구인 척했다. 한국의 게임회사는 자식을 망치는 원수가 되어 게임시간마저 제한받고 있다. 이제 어떻게 해야 할 것인가?

2016년 현재 닌텐도의 주력 콘솔기종은 Wii의 업그레이드 판인 'Wii u'이다. 컨트롤러에 액정이 붙어있는 디자인이다. 닌텐도DS를 닮았다. 게임&워치도 언뜻 보인다. 당분간 닌텐도는 완전히 새로운 무언가를 창조해내지는 않을 것 같다.

무언가를 창조해낸다는 것, 세상에 없는 무언가를 만들어 낸다는 것은 멋있고 거창한 일이다. 그러나 그만큼 많은 에너지와 노력이 필요하다. 그런데 그렇게 무언가를 창조해내었다고 해서 성공할 것이라는 보장도 없다. 아니 사람들에게 익숙하지 않은 무언가는 실패할 확률이 더 높을 수도 있다. 인간은 완전히 새로운 것에 좀처럼 익숙해지지 못한다.

닌텐도는 이기는 확률을 높이는 데에 탁월하다.
닌텐도는 점진적인 개량을 택했다.

---

1) http://haiko.co.jp/corporate_guidance02.html
2) 참고로 후사지로는 1918년에 데릴사위였던 2대 세키료에게 시멘트 회사의 경영권을 넘겼으며, 1927년 고대하던 증손주인 히로시가 태어난 해에 그의 엄마이자 첫째 손녀인 기미(君)에게 닌텐도를, 둘째 손녀인 다카(孝)에게 시멘트 사업을 물려주고 분가 독립시켰다. 닌텐도는 물론 당해 시멘트 회사인 주식회사 '하이코'(灰孝) 또한 놀랍게도 역사와 전통을 자랑하며 현재도 영업 중인 회사이다.
3) 竹窓山人(1886), 『花がるた使用法』, 上方屋. (国会図書館近代デジタルライブラリー)http://dl.ndl.go.jp/info:ndljp/pid/861681
* : commons.wikimedia.org/wiki/File:Game_and_watch_parachute.JPG
** : www.nintendo.co.uk/Nintendo-3DS-Family/Nintendo-3DS-Family-94560.html
*** : www.sears.com/nintendo-wii-fit-plus-with-balance-board/p-05892968000P

4. 게임의 세계와 포켓몬GO

방운학

게임이란

우리가 일반적으로 말하는 컴퓨터 게임은 흔히 예상하는 것처럼 가정용 컴퓨터의 도입과 함께 발전한 것이 아니다. 제2차 세계대전 중에 개발이 시작되어 1946년에 만들어진, 세계 최초라 여겨지는 컴퓨터 '에니악(ENIAC, Electronic Numerical Integrator And Computer)'은 전장에서의 포탄 탄도 계산을 위해 고안된 것이며, 이름에서도 알 수 있듯이 계산을 주목적으로 한 물건이었다. 시대가 흐르면서 점차 컴퓨터는 입력장치와 연산장치, 기억장치 등의 시스템을 활용하는 일종의 '놀이'에 이용되게 된다. 모니터를 통해 보이는 그림을 사용자가 직접 조종 하며 인공지능 혹은 상대방과 무엇인가를 겨루는 이른바 '컴퓨터게임'의 등장이다.

현대사회에서는 게임을 보통 몇 가지로 구분할 수 있다. 야구, 축구, 농구 등의 스포츠 경기로부터 체스, 바둑, 모노폴리(Monopoly)와 같이 말판 위에 말을 놓고 겨루는 보드게임, 컴퓨터나 기타 디지털 기기를 이용한 놀이 등이 있다. 또한 게임이라는 용어는 그 말을 사용하는 사람이나 상황에 따라 달리 해석될 수 있어서 스포츠 선수에게는 운동경기, 피씨방에서는 컴퓨터게임, 비디오게임 동호인에게는 비디오게임, 컴퓨터나 게임콘솔을 사용할 수 없다고 여겨지는 공간에서는 모바일게임을 의미하기도 한다. 가령 '게임 좀 그만해라' 또는 '요즘 무슨 게임 해요?'라는 대화에서는 보통 온라인게임, 비디오게임, 모바일게임이 한꺼번에 지칭되기도 한다. 넓은 의미로는 경제학적 개념의 게임이론이나, 영어권에서 쓰이는 장난 및 놀이와 같은 것도 게임의 범주에 들어가지만 여기에서는 그러한 것들을 게임으로 간주하지 않는다. 또한 운동경기나 보드게임이 아닌, 철저히 전자기기를 이용한 놀이를 중심으로 이야기를 풀어가고자 한다.

 스포츠경기나 보드게임의 원류를 한마디로 특정 짓기는 불가능하다. 빨리 달리기, 멀리 던지기, 씨름이나 레슬링, 팔씨름, 가위바위보 등의 놀이가 어느 시대에 어느 문명에서 시작되었는지 알 수 있을까. 장기나 체스 등의 기원에 대해서도 의견이 분분하다. 하지만 컴퓨터게임은 스포츠나 보드게임과는 분명히 다른 특징이 있다. 그것은 인간 플레이어를 상대하는 개체가 반드시 인간이어야 할 필요가 없다는 점이며, 무엇보다 언제, 누가, 왜 만들었는지가 분명하고, 그렇기 때문에 지금까지의 역사와 현재의 모습에 대해 어느 정도 진단하기가 수월하다는 점이다.

　게임의 역사에 대한 이야기를 하기에 앞서 먼저 게임을 범주화할 필요가 있다. 우선 게임은 소재적인 면과 주제적인 면, 하드웨어적인 면에서 장르를 구분할 수 있다. 소재적 장르와 주제적 장르는 얼핏 혼동하기 쉽고 정확하게 선을 긋기가 쉽지 않다. 간단히 말해 소재적 장르는 무엇으로 이야기를 풀어가는가 하는 것이고, 주제적 장르는 어떻게 이야기를 풀어가는가 하는 것이다. 가령 전쟁을 배경으로 하는 영화라고 하더라도 그것들을 모두 '전쟁영화' 한마디로 정의하지는 않는다. 전쟁·드라마, 전쟁·액션, 전쟁·다큐멘터리, 전쟁·멜로, 전쟁·코미디, 전쟁·스릴러 등으로 구분할 수 있으며, 여기에서 전자가 소재적 장르, 후자는 주제적 장르가 된다. 주제적 장르가 똑같이 드라마일 경우에는 전쟁·드라마 외에 역사·드라마, 판타지·드라마, 가족·드라마 등으로 세분화할 수 있다.

　영화, 소설, 만화, 애니메이션 등 창작물에 따라 장르를 구분하는 방법과 용어는 다르며, 게임에서는 소재 및 주제적 장르에 더하여 하드웨어적인 면 한 가지를 더 상정할 수 있다. 하드웨어적인 면이라 하면, 게임을 실행하는 기기에 따른 분류라고 할 수 있다. 게임을 하드웨어 측면에서 먼저 개발되고 상용화된 순서로 구분하면 아케이드게임, 비디오게임, 패키지게임, 온라인게임, 모바일게임으로 나눌 수 있다. 차세대 하드웨어가 개발됨에 따라 전 세계 게임 산업의 지각이 변동될 정도로 큰 영향을 받게 되지만, 현재 모바일게임이 대세인 단계에서도 아케이드게임과 비디오게임은 사라지지 않고 있다.

게임의 장르와 하드웨어

아케이드게임은 게임기가 다수 구비된 업소에서 동전을 넣고 즐겼던, 쉽게 말하면 오락실용 게임이다. 주로 스틱이라고 하는 공이 달린 손잡이와 몇 개의 버튼이 화면 앞에 설치된 구형 게임기를 떠올리면 된다. 그 장소에 비치된 음악연주, 댄스, 사격, 스포츠 등 직접 신체를 사용하는 게임들도 모두 아케이드게임에 포함된다. 아케이드게임은 수익구조상 한 게임의 플레잉 타임이 짧으며, 플레이어의 체력 소모가 비교적 많고, 게임실력 및 운동신경이 요구되는 것이 대부분이다.

비디오게임은 아케이드게임을 가정에서 즐길 수 있도록

한 것인데, 콘솔과 게임프로그램을 구입한 후 텔레비전과 연결하면 언제 어디서든 게임을 할 수 있다. 시간과 장소의 제약을 받는 아케이드게임에 비하면 비디오게임은 그러한 면에서 훨씬 자유로웠다 할 수 있으나 콘솔과 게임프로그램을 구입하기 위해서는 목돈이 필요했다. 하지만 당초에는 아케이드게임과 비디오게임의 경계선이 분명하지 않았는데, 1972년 미국의 '아타리(Atari)'라는 게임회사에서 세계 최초로 성공한 상업게임인 〈퐁(Pong)〉을 개발하였고, 이 때는 게임기와 게임을 일체화시켜 판매한 형태였다. 이것이 가정에서 사용되기도 하고, 동전을 넣으면 플레이할 수 있는 방식으로 길거리나 음식점 등에 배치되기도 하였다.

〈퐁의 본체〉

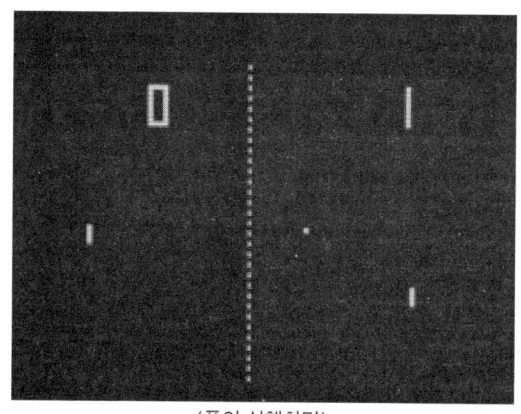

〈퐁의 실행화면〉

〈퐁〉의 폭발적인 인기와 더불어 승승장구하던 '아타리'는, 자만에 빠진 나머지 저질 상품을 대거 출시하면서도 새로운 차원의 게임개발에 전혀 신경을 쓰지 않았다. 그러던 1983년, 북미 비디오게임 사태(North American video game crash of 1983), 이른바 '아타리쇼크(Atari Shock)'가 터지면서 미국의 비디오게임 시장은 한 번에 붕괴하게 되고, 게임시장의 판도가 일본으로 완전히 넘어가게 된다. '아타리쇼크'는 상품을 독점하던 공급자가 상품의 질적 향상을 꾀하지 않고 소비자를 외면하는 사태가 계속될 때 소비자는 질 낮은 상품을 울며 겨자 먹기로 계속 찾는 것이 아니라, 그 수요 자체가 '0'으로 수렴하여 더 이상 그 상품을 사지 않는다는 교훈을 깨닫게 해 준 사건이다. 블루오션(Blue Ocean)에서 유유자적하던 '아타리' 스스로가 레드오션(Red Ocean)을 자초한 것이라 할 수 있다. 여기에서 기회를 잡은 것이 일본의 '닌텐도(Nintendo)'이며 패미콤(Famicom)이라는 비디오게임 콘솔을 개발하고 〈슈퍼마리오 브라더스(Super Mario Bros.)〉라는 걸출한 시리즈를 출시하면서 비디오게임의 강자로 등극하게 된다. 비슷한 시기에 등장한 콘솔이 '세가(Sega)'사의 새턴(Saturn)인데, 일본기업이 개발한 비디오게임은 미국기업의 것과 비교했을 때 몇 가지 큰 차이점이 있었다.

비디오게임 콘솔로 즐기는 것 자체가 주로 아케이드게임이었다는 점, 즉 오락실에서 하는 게임이나 가정에서 하는 게임이나 별다를 것 없었다는 사실은 기존의 게임 산업과 큰 차이가 없었다. 오락실에서 동전을 넣고 하지 않아도 되어 용돈을 아낄 수 있다는 것이 가장 큰 차이라고 생각하는 사람도 있을지 모르겠지만 그런 우스꽝스러운 이유를 거론하기 전에 일본의 비디오게임이 크게 성공한 근본적인 차이는 다른 데에 있었다. 무엇보다도 일본에서 개발된 비디오게임 콘솔은 크기가 매우 작았다. 흔히 게임기라고 말하는 콘솔은 책 한 권, 팩이라고 하는 게임소프트는 명함 한 장, 입력기라고 하던 게임컨트롤러는 지갑 하나의 크기였다. 일본사회에서 작고 컴팩트한 것이 요구되는 경향이 있기 때문일지도 모르나 이 변화는 게임 산업을 송두리째 바꾸어 놓는다. 무엇보다도 컨트롤러의 소형화, 경량화가 새로운 게임들을 만들게 하였다.

기존의 아케이드게임의 특징 중 하나는 플레잉 타임이 매우 짧다는 데에 있다는 것은 위에서 언급하였다. 옛날이나 지금이나 한 게임을 플레이하는 시간은 5분~10분 남짓이며 코인을 계속 넣어 진행한다고 하더라도 끝까지 클리어하는 데에 한 시간을 넘는 경우는 흔하지 않다. 무엇보다도 커다란 게임기 앞에 비치된 의자에 꼿꼿이 앉은 상태에서 긴 시간을 플레이하는 자체가 수월한 일이 아니다. 하지만 플레이어가 게임을 하는 자세를 다소 편안하게 해 줄 수 있는 시스템이 개발된다면 이 문제는 해결될 것이고, 플레이어는 좀 더 오랜 시간을 게임에 투자할 수 있게 된다. 앉아서, 엎드려서, 누워서, 기대어서 게임을 하게 만들어 준 것이 바로 소형화된 게임 컨트롤러이다. 오랫동안 피곤하지 않게 게임을 할 수 있는 컨트롤러 덕분에 장시간 즐길 수 있는 게임이 개발되고, 게임을 장시간 플레이하여야 하므로 저장(세이브) 기능도 콘솔 시스템에 추가되었다. 80년대 초반에는 일본의 비디오게임 열풍과 함께 한국에서도 '대우전자'의 재믹스(Zemmix), '현대전자'의 컴보이 닌텐도(Comboy Nintendo), '삼성전자'의 겜보이(Gamboy)라고 하는 콘솔이 인기를 끌기도 하였다.

　그러던 1994년 12월, 새로운 게임엔진 개발을 위해 '닌텐도'와 맺었던 계약이 파기되면서 '소니(Sony)'는 자체적으로 '소니 컴퓨터 엔터테인먼트(Sony computer Entertainment)'를 설립하고 플레이스테이션(Play Station)을 개발하였다. 기존의 팩이 아닌 CD를 위주로 하는 포맷, 스틱과 진동기능이 탑재된 컨트롤러, 게임 컨텐츠의 질적 향상에 심혈을 기울인 '소니'는 2004년 '닌텐도'의 Nintendo DS(NDS)와 2005년 '마이크로소프트'사의 X-Box의 후속모델인 X-Box360이 등장하기 전까지 전 세계의 비디오시장 업계를 호령하게 된다.

다음으로 패키지게임 이야기를 해보자. 여기에서 다루는 게임은 모두 컴퓨터를 이용하지 않는 것이 없으나, 흔히 가정이나 사무실에서 사용하는 개인용 컴퓨터를 기반으로 하며 게임정품을 구매하여 즐기는 것을 패키지게임이라고 정의하도록 한다. 원래 패키지게임이라 함은 한국식 영어이고 현지 영어로는 박스트게임(Boxed Game)이라고 하며, 상자 안에 게임CD(옛날에는 디스켓)와 사용설명서, 시리얼코드(CD키라고도 함), 사은품 등을 동봉한 것을 말한다. 용어의 의미상 같은 제품구성이라면 비디오게임도 패키지게임이 될 수가 있지만 여기에서는 PC를 이용하는 것만을 패키지게임이라고 하도록 한다. 물론 초기 PC게임은 패키지라 할 것도 없이 5.25인치 또는 3.5인치 디스켓 몇 장에 단순한 포장으로 출시되던 것이 대부분이었다.

컴퓨터의 이야기는 무궁무진하기 때문에 한국의 상황으로만 좁혀 보도록 한다. 80년대 초반부터는 8비트 컴퓨터인 애플과 '대우전자'의 MSX 아이큐 시리즈, '삼성전자'

의 SPC 시리즈가 상용화되었다. 그 후 인텔 프로세서의 이름에서 비롯된 X86 시리즈 중 286, 즉 16비트 컴퓨터는 '삼성전자'의 알라딘, '대우전자'의 아이큐슈퍼, '삼보컴퓨터'의 트라이젬이 80년대 말 인기를 끌었지만 이 당시에는 게임을 목적으로 하지 않는 이상 가정에 사실상 컴퓨터가 있을 이유가 없었다. 지금으로서는 상상도 못할 일이지만 486컴퓨터 당시까지는 컴퓨터의 입력장치에 마우스조차 없었으며, 게임의 조작은 모두 키보드가 담당하였다. 게다가 키보드는 16비트 이후에야 본체와 분리되어 출시되었고 8비트까지는 본체와 키보드가 일체화되어, 컴퓨터 본체에서 발생하는 열기 때문에 장시간 컴퓨터로 작업을 할 수 없을 정도로 불편하였다. 80년대에도 마우스, 스캐너(핸드스캐너), 프린터(도트프린터) 등 현재와 같이 갖춰질 것은 갖춰져 있었으나, 마우스는 586 이후 윈도우가 실용화된 후에 본격적으로 보급되었다. 당시의 컴퓨터 운영체제는 명령어를 타이핑한 후 기동하는 MS-Dos 또는 방향키로 조작하는 MDIR이 많이 사용되었다.

 80년대의 가정용 컴퓨터게임, 즉 패키지게임은 아케이드게임이나 비디오게임과 별다를 것이 없었으나, 가정용 컴퓨터에 최적화된 게임이 이미 70년대 말부터 개발되기 시작하여 80년대 중반 즈음에 속속 그 모습을 나타내기 시작했다. 이른바 롤플레잉게임과 시뮬레이션게임, 어드벤처

게임의 등장이다. 이들 게임의 특징은 아케이드게임과는 달리 오랜 시간 매달려서 즐길 수 있는 볼륨을 가졌으며, 장시간 플레이해도 정신적, 육체적인 피로도가 덜한 게임이다. 또한 패키지게임이 비디오게임과 다른 점은, 비디오게임의 경우 특정 콘솔에서만 실행되는 게임들이 대부분이었으나 패키지게임은 컴퓨터의 사양만 맞으면 모든 게임을 실행할 수 있었다는 점에서 큰 매력이 있었다. 하지만 한국의 경우 패키지게임은 플레이하는 유저 수에 비해 판매량은 매우 저조하여 게임 산업에 문제점을 안겨주는 부작용도 발생시켰다. 바로 소프트웨어의 불법복제이다. 간단한 작업을 통하여 양질의 게임을 무료로 이용할 수 있다는 점에서 8~90년대에는 많은 게임들이 불법으로 유통되었으며 이는 국내 게임 산업을 크게 위축시키는 주원인이 되기도 하였다.

그러던 중 1994년에 '하이텔', '천리안', '나우누리', '유니텔' 등이 제공하는 서비스로 인해 PC통신이 활성화된다. PC통신을 통하여 〈바람의 나라〉와 같은 머드게임(Mud Game)이 유행하기도 하였고, 『퇴마록』 등의 소설은 서적으로 출판되기도 하였다. 이들은 후에 한국형 온라인게임과 온라인소설의 모태가 된다. 또한 채팅 및 동호회가 젊은 층에서 인기를 끌며 온라인의 세계라는 것이 조금씩 사회에 스며들 때 국내에 인터넷이 도입된다. 그때까지 PC통신은 파란

화면, 인터넷은 하얀화면, 비디오텍스(VT)도 월드와이드웹(WWW)도 잘 모르던 시절, 1998년 봄에 미국에서 건너온 하나의 게임이 한국을 발칵 뒤집는 사건이 벌어지게 된다.

약 1조 4,000억 원 이상의 수익과 15만 명 이상의 고용창출[1], PC방이라는 새로운 업종과 프로게이머, 프로게임단이라는 직업군의 등장, 고속인터넷의 전국적 보급, 한국을 IT 강국과 세계제일의 e-Sports 강국으로 만든 게임. 그렇다. '블리자드(Blizzard)'사의 〈스타크래프트(Star Craft)〉의 등장이다. 〈스타크래프트〉는 눈에 보이는 수치뿐만 아니라 한국의 게임 산업 전반에도 온라인게임의 활성화라는 지각변동을 일으켰다. 온라인게임은 쉽게 말해 인터넷을 이용하여 다른 플레이어들과 동 시간에 즐기는 것으로, 현재로서는 아케이드, 비디오, PC, 모바일 등의 모든 하드웨어 장르에 걸쳐 활용되고 있다. '블리자드'는 2001년 〈디아블로(Diablo)2〉를 출시하여 다시 한번 한국에서 성공하였으며, 때를 맞추어 한국의 게임업체는 〈포트리스(Fortress)〉, 〈리니지(Lineage)〉 등의 한국형 온라인게임을 양산하게 된다. 또한 PC를 이용한 패키지게임이나 온라인게임은 컴퓨터를 이용한다는 점에서 아케이드게임 및 비디오게임과는 차별화된 장점이 있다.

〈스타크래트프 의 실행화면〉

　키보드를 주 입력장치로 사용하는 시스템이므로 단시간에 많은 명령을 입력하는 것이 가능하다. 키보드는 주지하다시피 여러 가지 구획으로 나뉘어져 있다. 문자키, 숫자키, 기능키, 방향키, 보조키 등. 게임을 플레이할 때 보이는 화면의 구성을 인터페이스라고 하는데, 인터페이스는 대체로 여러 개의 창과 게이지로 구성되어 있다. 창에는 각각의 기능이 있어서 그 기능을 수행하기 위해서는 그 창을 지정해야 하는데 버튼 수가 적은 아케이드게임이나 비디오게임의 경우는 커서를 이동시켜 버튼을 눌러 여는 수밖에 없다. 하지만 이 작업이 매우 느리고 귀찮다. 키보드를 이용하는 게임은 각 창마다 할당된 문자 혹은 숫자키가 있어서 플레이하는 도중에 언제든지 빠르고 쉽게 열고 닫을 수 있는 기능을 제공해 준다. 이른바 단축키의 기능이다. 키보드를 사용하여 다른 플레이어와 문자로 의사소통을 할 수 있다는 점은 덤이다.

또한 마우스를 입력장치로 사용하는 시스템이므로 세밀한 지정, 신속한 스킵, 구획지정 등이 가능하다. 아케이드 게임의 스틱을 이용할 때 좀 더 세밀한 조작이 가능하다고 생각할 수 있으나, 아케이드게임은 커서가 캐릭터와 일체화되어 있는 상태에서 그 캐릭터를 움직이는 것이고, PC게임에서는 커서와 캐릭터가 분리된 상태에서 캐릭터나 유닛을 지정하는 경우가 많다. 하나로 고정된 것을 움직이는 데에는 아케이드게임의 스틱이 유리하나, 다수에서 특정한 개체를 고르는 데에는 마우스가 특화되어 있다고 볼 수 있다.

당연한 이야기겠지만 인터넷이라는 네트워크가 실용화되기 전에 아케이드게임, 비디오게임, 패키지게임은 당초 오프라인 실행이 원칙이었다. 그 중 패키지게임은 디스켓이나 CD를 구입하여 PC에 설치한 뒤 혼자서 즐기는 방식이었으나, 〈스타크래프트〉를 필두로 한 게임들은 CD 안의 프로그램을 설치하면 혼자서 뿐만 아니라 인터넷을 통해 동시간에 접속해 있는 다른 플레이어와 게임을 겨룰 수 있게 하였다. 온라인게임은 인간 대 인공지능(AI)이었던 컴퓨터게임의 방식을 인간 대 인간의 방식으로 가능케 한 하나의 틀을 깬 사건이었다. 게임개발자의 커다란 고충이면서 게임의 밸런스와 질을 평가하는 요소 중 하나가 인공지능인데, 인공지능이 형편없으면 아무리 좋은 그래픽과 사운드, 시나리오, 오락성 등을 갖추고 있어도 플레이어는 재미를 느끼지 못한다. 이러저러하게 하면 컴퓨터는 꼼짝 없이 당하더라 하는 소위 공략법이 역설적으로 게임의 재미를 반감시키는 요소가 되었던 것이다. '사람 같으면 저렇게 하지 않을 텐데 왜 컴퓨터는 저렇게 할까' 하는 의문과 불만에서 비롯된 문제점은, 인간플레이어를 인간플레이어의 상대로 매칭시킴으로써 해소되었고 컴퓨터는 단지 그 경기장과 규칙을 제공할 뿐이었다.

패키지게임은 정품 게임CD를 구입해야 하므로 유저로부터 경제적인 이유로 외면받은 것이 사실이었다. 그러한 불만에서 고안된 방식이 다운로드 온라인게임이다. 이는 게임CD를 구입하지 않고 제공, 관리하는 게임회사의 사이트에 접속한 뒤 게임을 내려받고 설치하여 플레이하는 방식이었다. 패키지게임은 게임CD를 판매한 금액으로 수익을 올리는 구조였으나, 90년대 말~2000년대 초의 온라인게임은 주로 광고수익이나 게임 내에서 사용하는 아이템을 판매함으로써 게임개발사를 운영하는 방식이었다.

그러던 2009년, 전 세계적으로 IT 업계에 혁명과도 같은 일이 일어난다. 스마트폰의 개발이 그것인데 통신의 수단으로서가 아닌 휴대할 수 있는 컴퓨터로서 스마트폰은 몇 년 사이에 우리의 삶을 송두리째 바꾸어 놓았다. 컴퓨터로 할 수 있는 일을 스마트폰으로 할 수 없는 경우는 거의 없다고 해도 과언이 아닐 정도이며, 기기 자체의 진화 및 프로그램의 개발과 더불어 각종 사회문제와 부작용 등을 낳고 있기도 한 21세기 초 최고의 이기이다.

게임 산업에도 예외는 없어서 스마트폰이라는 포맷이 개발되자마자 수많은 게임회사는 스마트폰에 적용할 수 있는 게임들을 양산해낸다. 주로 퍼즐 종류로 시작되었던 모바일게임들은 롤플레잉, 시뮬레이션, 스포츠, 보드게임 등으로 확산되었다. 그러나 스마트폰 자체가 갖고 있는 단점 때문에 기타 다른 장르의 게임들과는 불리한 점이 적지 않아 보인다. 우선 화면이 작아서 많은 양의 텍스트와 그림을 넣을 수가 없다는 점에서 인터페이스에 문제가 생기고, 화면의 크기로 인해 손가락으로 정확하게 터치를 하여 명령하는 일이 수월하지도 않을뿐더러 배터리의 용량한도 때문에 옥외에서 장시간 게임을 플레이할 수가 없다. 하지만 그에 비해 장점도 많다. 데이터 사용한도나 와이파이의 문제가 없을 경우 항상 온라인이기 때문에 인터넷에 연결되어 있다는 것이 전제된다는 점, 스마트폰에 내장되어 있는 마이크,

녹음기, 카메라 등의 주변기기를 이용할 수 있다는 점, 무엇보다 가장 큰 장점은 사용자가 항상 가장 가까운 곳에 두고 있기 때문에 게임으로의 접근성이 좋다는 점이다. 게임을 하기 위해 게임센터에 가는 수고를 하지 않아도 되며, 텔레비전과 콘솔을 켜지 않아도 되고, 컴퓨터를 켜지 않아도 게임을 할 수 있다는 것이 가장 큰 장점이다. 문자 그대로 잠자리에서 눈을 감기 직전까지 플레이할 수 있는 것이 모바일게임이다.

● 게임의 소재적 장르

게임의 장르를 소재에 따라 구분하는 방법은 실로 무궁무진하다고 할 수 있다. 하지만 여기에서는 대체로 개발된 순서에 맞추어 최소한의 갈래로 설명해 보기로 한다. 우선 스포츠게임을 들 수 있다. 구기, 격투기, 무예, 카레이싱 등 현실세계에 존재하는 스포츠는 거의 모든 종목이 게임으로 개발되어 있으며 현실의 규칙이나 시스템을 그대로 반영한 것과, 현실에 존재하지 않는 새로 고안된 스포츠를 소재로 한 게임이 있다. 이름에서도 알 수 있듯이 탁구를 모티프로 한 〈퐁(Pong)〉도 스포츠게임으로 시작되었다.

다음으로는 슈팅게임을 들 수 있는데 쉽게 말하면 총을 쏘는, 비행기오락이라 불리었던 게임의 장르이다. 70년대 말 〈스페이스 인베이더(Space Invader)〉와, 80년대 초 〈갤러그(Galaga)〉로 시작되었던 라운드(Round. 한 화면이 한 판이 되는 개념으로 그 화면 안에서 일정한 조건을 만족하면 클리어) 식에서, 플레이어의 기체를 위에서 내려다본 종스크롤(화면진행이 위에서 아래로 흐르는) 방식과 기체의 오른편을 카메라로 잡은 횡스크롤(화면진행이 오른쪽에서 왼쪽으로 흐르는) 방식이 있다. 스크롤의 개념이 어려운 사람은 컴퓨터 문서나 인터넷 화면에서 마우스버튼 중앙의 휠을 위아래로 조작하는 행동 후에 일어나는 변화를 연상하면 쉽다. 그 수는 많지 않지만 가끔 〈애프터버너(After Burner)〉처럼 기체를 후방에서 바라보는 게임이 개발되기도 하였는데, 이후에 플레이어의 시점에서 스테이지를 바라보고 전투 및 총격전을 수행하는 FPS, 즉 1인칭시점 슈팅게임으로 발전한다.

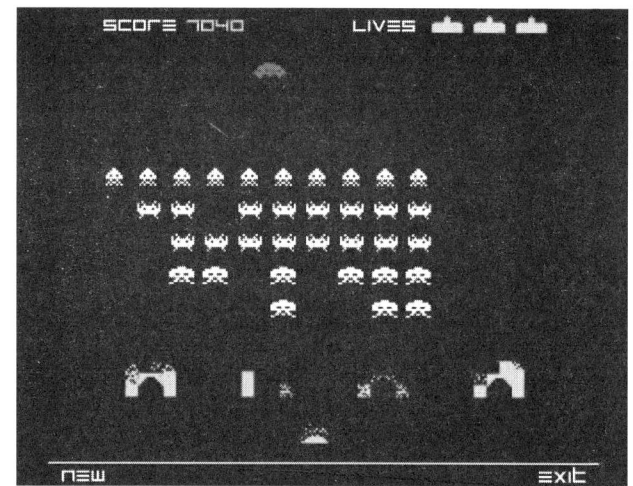

〈스페이스 인베이더의 실행화면〉

〈애프터버너의 본체〉

비슷한 시기에 액션게임도 많은 사랑을 받았는데, 플레이어의 캐릭터가 화면 이곳저곳을 돌아다니며 점프를 하거나 무기를 휘둘러 적 캐릭터를 공격하거나 하는 종류라고 생각하면 된다. 초창기 작품으로는 2차원 라운드 방식인 〈너구리(Pom Poko)〉, 〈동키콩(Donkey Kong)〉이 대표적이며, 단순한 규칙과 그래픽에 비해서 난도가 높은 것이 많아 플레이어의 운동신경이 많이 요구되는 종류이다. 후에 2차원 횡스크롤 액션게임인 〈슈퍼마리오(Super Mario Bros.)〉 시리즈나 〈원더보이(Wonder Boy)〉 시리즈, 2.5차원 벨트스크롤 액션게임인 〈더블 드래곤(Double Dragon)〉 시리즈나 〈파이널 파이트(Final Fight)〉 등으로 발전한다. 한층 더 나아가 대전액션게임이라는 새 장르도 열리는데, 2차원 라운드 방식인 〈스트리트 파이터(Street Fighter)〉 시리즈나 〈사무라이 쇼다운(Samurai Showdown)〉 시리즈, 2.5차원 라운드 방식인 〈킹 오브 파이터즈(The King of Fighters)〉 시리즈, 3차원 라운드 방식인 〈철권(Tekken)〉 시리즈와 같은 것들이 있다.

80년대 초중반에는 퍼즐게임이 대거 등장하기도 하였다. 퍼즐게임 하면 먼저 떠오르는 것이 있을 것이다. 다소 나중에 개발되기는 했지만 전 세계를 휩쓴 게임, 〈테트리스(Tetris)〉이다. 퍼즐게임은 이처럼 블록이나 조각 등을 맞추거나 이동시켜서 정해진 목적을 달성하는 것으로, 주로 한 화면에 라운드 전체가 표현되는 일이 많다. 고전게임 중에서는 〈솔로몬의 열쇠(Solomon's Key)〉나 〈소코반(Sokoban)〉이 대표적이며 이러한 퍼즐게임은 〈벽돌 깨기(Arkanoid)〉, 〈오셀로(Othello)〉 등으로 응용되기도 한다. 특히 오셀로와 같은 것은 컴퓨터 게임 안에서 다시 보드게임으로 세분화되고, 이와 더불어 체스, 오목, 장기와 같은 고전적 보드게임이 전자화되며, 더 나아가서 포커, 고스톱 등의 도박게임으로 발전한다.

지금까지는 주로 아케이드게임에 적합한 소재적 장르였다. 물론 위의 게임들이 비디오게임이나 PC게임에 적용되는 예는 적지 않으나 단시간 내에 플레이하는 것을 주목적으로 한다는 점에서 대체로 아케이드에서 유행하였다. 이후 가정용 비디오게임기와 PC가 게임의 주된 실행기기로 부각되면서 새로운 양상의 게임들이 개발되기 시작하였다.

우선 어드벤처게임을 들 수 있는데, 어드벤처게임이란 말 그대로 모험이 주된 내용이다. 주인공 캐릭터가 월드맵 이곳저곳을 돌아다니며 게임 속 등장인물(NPC, Non-Player Character)을 만나서 이야기를 나누고 목표(퀘스트, Quest)를 수행하는 것을 말한다. 여기까지는 롤플레잉게임과 닮아 있으나, 롤플레잉게임과는 달리 액션적인 요소가 적고 퍼즐이나 문제풀이의 요소가 많았던 것이 특징이다. 추리물을 연상하면 되는데 추리물은 텍스트의 양이 많은 것이 특징이며, 텍스트의 양이 많음에도 불구하고 그 텍스트들이 게임을 진행하는 데에 중요한 역할을 하는 경우가 많았다. 플레이어의 순발력이나 운동신경보다 관찰력, 기억력, 시간 등이 크게 요구되어 이러한 장르의 게임은 플레이어의 호불호가 많이 갈리는 종류였다. 그러나 그래픽 및 사운드의 발달과 함께 게임의 재미를 좌우하는 요소로 액션이 많이 요구되는 시점, 즉 90년대 중후반 급속도로 쇠퇴하기 시작한다. 하지만 어드벤처적인 요소는 그대로 존속되어 이후 〈갓 오브 워(God of War)〉 시리즈, 〈GTA(Grand Theft Auto)〉 시리즈와 같은 명작으로 계승된다. 〈갓 오브 워〉 시리즈는 그리스신화를 배경으로 한, 몰락한 스파르타 장수의 이야기를 그려낸 작품인데, 잔인하고 선정적이며 공포스러운 내용으로 무척이나 어렵다. 플레이어의 운동신경과 순발력이 크게 요구되기도 하지만 이 게임이 어려운 진정한 이유는 게임 곳곳에 숨어있는 퍼즐 때문이다. 블럭 몇 개를 이동시켜서 그림을 맞추는 수준의 퍼즐이 아니라 게임의 배경이 되는 던전 하나, 심한 경우에는 산 하나 전체가 다음 단계로 나아가기 위한 퍼즐이 되는 형태로, 운동신경과 머리를 동시에 요구하기때문에 액션게임에 어드벤처게임의 요소를 잘 살린 작품이라고 할 수 있다. 또한 신대륙에서의 모험을 소재로 한 〈언차티드(Uncharted)〉 시리즈도 액션어드벤처게임의 수작이다.

다음으로 롤플레잉게임(Role Playing Game, RPG)을 들 수 있다. 롤플레잉이라 함은 역할을 분담하여 어떠한 과제를 수행하는 일을 말하는데 역할연기, 즉 연극을 생각하면 쉽다. 일찍이 심리치료나 사회학 연구를 위해 역할연기가 이용된 예는 많은데, 갈등을 겪고 있는 부부가 서로의 입장을 바꾸어 연기나 대화를 한다든지, 무작위로 선택된 일반인에게 어떤 중대한 역할을 담당하게 한 후 그 행동을 관찰하는 연구 등이 모두 롤플레잉이다. 1961년 심리학자 스탠리 밀그램(Stanley Milgram)의 권위에의 복종(Obedience to Authority) 실험이나, 1971년 사회학자 필립 짐바르도(Philip Zimbardo)의 스탠퍼드 감옥 실험(The Stanford Prison Experiment)이 좋은 예이다.

70년대부터 롤플레잉의 개념이 게임에 이용되기 시작하는데, 이 롤(Role)이란 것은 플레이어의 캐릭터에 역할을 부여하는 것이다. 현재로서는 당초의 의미가 많이 변질되었으나 캐릭터의 직업이나 속성을 플레이어가 정하고 세계관 안에서 그 캐릭터를 대신하여 목표를 수행하게끔 하는 것이다. 쉽게 말하면 캐릭터에게 근접전 전사, 원거리 전사, 성직자, 마법사 등의 역할을 주고 게임을 플레이하는 것으로, 플레이어의 역할은 직업이나 속성에 따라 다르며 그로부터 롤이라는 개념이 게임에 주입된다. 롤은 조금 더 확대 해석할 수 있는데, 주인공 캐릭터를 돕거나 그에게 목표를 주는 NPC, 주인공 캐릭터와 대립하는 입장에 있는 개체들

(몬스터, 몹)도 모두 롤이라고 할 수 있다. 체력과 마력이 존재하며 마법이나 스킬(고유한 기술)을 쓰고 다수의 캐릭터가 다수의 개체를 사냥하는 판타지적인 내용의 게임은 대체로 롤플레잉게임이라고 보아도 무방하다. 여담이지만 롤플레잉게임에서 캐릭터가 속하는 5명 안팎의 집단을 파티(Party)라고 하는데, 판타지적인 요소를 띤 게임에서의 파티 구성은 대체로 검사, 궁수, 거한, 성직자, 마법사 등으로 구성된다. 또한 게임의 세계관을 구성하는 집단은 몇 개의 종족으로 나뉘는데, 인간, 요정, 난장이, 괴물, 악마 등으로 표현된다. 롤플레잉게임의 세계관을 정립한 것이 바로 소설과 영화로 유명한 〈반지의 제왕(The Lord of the Rings)〉 시리즈이다. 게임으로는 1980년부터 개발된 〈울티마(Ultima)〉 시리즈가 기틀을 마련하였다. 〈울티마〉 시리즈는 80년대 중반, 일본 롤플레잉 비디오게임의 양대 산맥인 〈드래곤 퀘스트(Dragon Quest)〉와 〈파이널 판타지(Final Fantasy)〉 시리즈에 영향을 미치고, 이후 2000년대 초반 발매된 〈디아블로(Diablo)〉 시리즈가 패키지게임과 온라인게임으로서의 롤플레잉게임을 완성하기에 이른다. 울티마는 1997년 〈울티마 온라인(Ultima Online)〉을 서비스함으로써 MMORPG(Massively Multiplayer Online Role Playing Game, 대규모 다인 온라인 롤플레잉게임)의 장을 연다. MMORPG는 플레이어가 게임에 접속하지 않아도 게임 내의 세계는 살아 움직이고 있으며, 내가 아닌 무

수히 많은 다른 플레이어들이 그 안에서 무언가를 하고 있다는 개념의 게임이다. 현재 한국은 대다수의 온라인게임, 모바일게임들이 위의 롤플레잉게임과 MMORPG의 포맷을 취하고 있다.

어떠한 속성을 띤 개체에게, 어떠한 조건이 갖추어질 경우, 어떠한 현상이 일어나는가를 관찰하는 실험이 있다. 초등학교 때 해봤을 법한 일로서, 같은 곳에서 구입한 똑같은 크기와 모양의 강낭콩을 무작위로 두 그룹으로 나눈 후, 같은 양의 물을 주면서 한 그룹에는 충분한 시간의 햇볕을 쬐고 다른 한 그룹은 그늘에서만 키웠을 때 성장속도가 어떻게 다른지를 관찰, 기록하는 따위의 실험이 그것이다. 이것이 단순한 개념의 시뮬레이션이며, 시뮬레이션이 또한 게임으로 제작되기 시작한다.

시뮬레이션은 주로 정치, 사회, 과학, 스포츠, 군사 등에서 응용되는데, 개체와 집단(피실험군)에 조건(변수)을 부여했을 때 일어나는 현상 및 그 특성을 객관화시키는 일이다. 여기에서 중요한 것은, 피실험군에게 부여하는 조건과 그들이 존재하고 있을 것으로 상정한 배경에 현실성이 있어야 한다는 것이다. 시뮬레이션의 결과가 틀린 것으로 나타날 경우 가장 큰 원인으로서는 피실험군, 변수, 배경의 속성이 현실과 맞지 않았다는 문제가 있기 때문이다.

시뮬레이션도 여러 하위범주가 있지만 본래의 취지에 가장 잘 맞는 것을 몇 가지 꼽으면 건설, 육성, 전략, 스포츠 시뮬레이션이 있다. 건설시뮬레이션 장르는 〈심시티(Sim City)〉 시리즈가 대표적으로 부지에 어떻게 도로를 깔고 건물을 배치하여야 이 도시가 더 커질 수 있을까를 궁리하면서 발전시키는 게임이다. 처음 출시되었을 때 게임 내에 캐릭터가 없다는 점에서 많은 플레이어를 당황시킨 〈심시티〉 시리즈와는 달리, 육성시뮬레이션은 아기나 어린이, 동물을 대상으로 하여 음식을 주고 교육 및 취미생활을 하도록 하여 성인으로 성장시키는 게임으로, 〈프린세스 메이커(Princess Maker)〉 시리즈가 유명하다. 90년대 중반 잠시 유행했던 〈다마고치〉도 육성시뮬레이션의 일종이다. 전략시뮬레이션은 자원을 개발하여 부대나 개체를 생산한 뒤 전장에 배치를 한 후 상대방과의 전투를 수행하고 자신의 영토를 넓히는 장르로서 〈시드마이어의 문명(Sid Meier's Civilization)〉 시리즈가 유명하며, 선수를 영입하고 훈련을 시키고 전술을 적용하고 그라운드에 배치한 뒤 이 선수들이 뛰는 모습을 보며 경기에서 승리를 따내고 시즌을 운영하는 〈풋볼매니저(Football Manager)〉 시리즈가 스포츠시뮬레이션의 대표작이다. 이 시뮬레이션게임들의 공통적인 특징으로는 게임을 플레이하는 데에 있어서 플레이어의 정신적, 육체적 피로가 그다지 쌓이지 않고, 플레이에 걸리는 시간이 무척 길다는 점이 있다. 특히 〈시드마이어의 문명〉 시리즈와 〈풋볼매니저〉 시리즈는 중독성 및 그 부작용으로 인해 동호인들 사이에서 악명 높기로 유명하다.

〈스타크래프트〉와 같은 장르의 게임을 RTS라고 한다. 그러면서 전략시뮬레이션의 범주에 넣는 경우가 있는데 실시간전략(RTS, Real Time Strategy)게임과 전략시뮬레이션은 엄연히 다른 장르이다. 실제로 〈스타크래프트〉는 미국 현지에서 RTS라는 장르로 별도 취급되고 있다. 〈스타크래프트〉와 마찬가지로 시뮬레이션의 이름을 하고 있지만 시뮬레이션이 아닌 경우도 있다. 그 중 대표적으로 연애시뮬레이션이라고 불리는 장르는 엄격히 말하면 연애어드벤처게임이다. 역사물을 주로 다루는 일본 '코에이(KOEI)'사의 3대 작품인 〈삼국지(三國志)〉 시리즈, 〈노부나가의 야망(信長の野望)〉 시리즈, 〈대항해시대〉 시리즈는 모두 역사시뮬레이션이라고 일컬어지고 있으나, 〈삼국지〉와 〈노부나가의 야망〉 시리즈에는 역사전략게임, 〈대항해시대〉 시리즈에는 항해어드벤처게임으로 분류하는 것이 타당한 작품이 많다. 시리즈의 넘버링에 따라 게임의 성격이 다소 다른 것도 있으나 시뮬레이션의 성격에는 맞지 않는 것이 많다.

보통 게임이라고 하면 결말이 있다고 생각하기 마련인데 실제로는 결말이 없는 게임이 다수 존재한다. 이것이 영화, 소설, 만화, 애니메이션과 같은 창작물과의 가장 큰 차이점인데, 게임은 일차적으로 결말이 난 후에 그 다음의 목표를 향해 다시 플레이하고, 그 목적이 달성되면 또 다른 목표를 찾아 다시 플레이하는, 이른바 무한 루프가 되풀이되는 장르가 있다. 영화 등 창작물에서의 개념과는 닮은 듯 다른 점이 있는데, 〈살인의 추억(2003)〉, 〈곡성(2016)〉과 같은 작품이 좋은 예이다. 〈살인의 추억〉의 경우 영화를 보고 나서도 진범이 누구였는지에 대한 궁금증이 끊이지 않으며, 〈곡성〉 또한 누가 악마고 신령이었는지, 더 나아가 감독이 말하고자 하는 메시지가 무엇이었는지에 대해 끊임없이 생각을 하게 만드는 작품이다. 이러한 작품들의 경우 대체로 해답이 없거나 해답을 찾는 자체가 무의미한 경우가 대부분이고, 감독이나 제작진 또한 해석을 관객들의 상상에 자유롭게 맡기는 일이 많다. 이러한 종류의 결말을 오픈엔딩(Open Ending, 열린 결말)이라고 하는데, 결말 후의 또 다른 이야기를 창작하게 함으로써 관객들을 제2의 각본가로 만드는 장치라 할 수 있다.

한편, 〈판의 미로(Pan's Labyrinth, 2006)〉나 〈라이프 오브 파이(Life of Pi, 2013)〉는 영화 속 이야기 안에 또 다른 이야기가 존재하는 구성을 띠고 있다. 이것을 '액자구조'(Frame Story)라고 한다. 〈라이프 오브 파이〉의 경우 영화 안에 또 다른 이야기가 있다는 것을 관객이 깨달은 순간, 머리 속에서 화면과 등장인물들이 다시 떠오르면서 다른 한 편의 영화가 필름처럼 재구성되는 신기한 경험을 할 수 있다.

　게임에서도 비슷한 장르가 있는데, 그것을 오픈월드(Open World) 또는 샌드박스(Sand Box)라고 한다. 오픈월드는 샌드박스의 하위개념이라고 할 수 있다. 엄밀히 말해 다소 차이는 있으나, 둘 다 높은 자유도를 구현한 게임을 일컫는다. 특히 〈롤러코스터 타이쿤(Rollercoaster Tycoon)〉이라는 놀이동산 경영시뮬레이션 게임에는 따로 샌드박스라는 메뉴가 있다. 〈롤러코스터 타이쿤〉은 주어진 놀이동산 부지에 회전목마, 롤러코스터 등의 어트랙션과 상점들을 배치한 뒤 관광객을 유치하여 수익을 올리고 또 그 돈으로 다른 탈것을 구입하는 식의 게임이다. 스테이지 당 주어진 목표를 달성하면 다음 스테이지로 진행할 수 있지만, 플레이어에 따라서 이왕 만들어 놓은 놀이동산의 조경을 더욱 아름답게 한다든지, 자신이 목표로 한 일정 관광객 수를 넘긴다든지, 메뉴에 등장하는 어트랙션을 하나씩 다 만들어본다든지 하는 식으로 언제까지고 플레이할 수 있는 시스템이다. 이 게임의 샌드박스 메뉴를 실행하면 처음에는 아무것도 없는 거대한 사각형 모래밭이 나온다. 그곳에 지형지물, 식물, 울타리, 강, 다리 등을 설치한 후 게임 내 제한시간과 재정에 관계없이 마음껏 놀 수 있는 공간을 제공하는 것이다. 샌드박스라는 이름에서 알 수 있듯, 이는 모래 밖에 없는 커다란 상자에서 플레이어가 무엇을 만들어도 가능한 자유로운 세계를 열어 주는 장르이다. 기존의 게임은 게임 내에 정해진 규칙에 따라서 목표를 수행하는 것이 주목적이었으나 샌드박스라는 장르는 게임이라는 커다란 세계를 설계해 준 후, 그 세계관 안에서 플레이어가 마음껏 자신이 하고 싶어 하는 일을 하게 만들어 주는 것이다. 그렇다고 해서 게임 내에 시나리오가 전혀 없는 것은 아니며, 메인 시나리오를 수행하면서 속칭 딴짓을 할 수 있도록 배려한 것이다. 플레이어가 시나리오에 제약을 많이 받을수록 자유도는 떨어지며, 제약을 덜 받을수록 자유도는 올라가게 된다. '코에이(KOEI)'사의 〈대항해시대3(부제 Costa del Sol, 1996)〉가 비교적 이른 시기에 출시된 대표적 샌드박스형 게임이며, 중세유럽의 대항해시대를 배경으로 하는 이 게임에 이벤트성 시나리오는 존재하나 플레이어는 그에 국한되지 않고 항해를 하건, 무역을 하건, 전쟁을 하건, 탐험을 하건, 며칠 몇 달을 즐길 수 있도록 제작되었다. 게다가 이 게임은 확실한 결말조차 존재하지 않는다.

  하드웨어적인 측면에서 볼 때 이러한 종류의 게임은 플레잉 타임이 무지막지하게 길기 때문에 아케이드게임으로는 불가능하며 가정에서 즐길 수 있으면 어떤 것으로든 가능하지만 패키지게임이나 온라인게임, 모바일게임에서보다는 주로 비디오게임에서 활성화되어 있다. 〈GTA(Grand Theft Auto)〉, 〈세인츠 로우(Saint's Row)〉, 〈용과 같이(龍がごとく)〉

시리즈는 주로 범죄와 폭력을 소재로 하는 게임이지만 메인이벤트를 클리어한 후라 하더라도 게임 안에 즐길 거리가 방대해서 플레잉 타임을 1~200시간 이상 넘기는 일은 우습다. 주로 메인이벤트와 관계없이 그 외에 재미로 수행할 수 있는 목표를 서브 퀘스트(Sub Quest)라고 하는데 서브 퀘스트가 메인이벤트 못지않게 재미가 있으며 난이도도 만만치 않아 이것들을 모두 클리어하는 것을 목표로 하는 경우도 많다. 〈몬스터 헌터(Monster Hunter)〉 시리즈의 경우는 단순히 더 강한 괴물을 사냥하는 것을 목표로 하여 플레잉 타임 1,000시간을 넘기는 동호인도 적지 않다. 이러한 게임의 보장된 자유도는 영화에서의 오픈엔딩식 구성에 가까우며, 서브 퀘스트 수행은 액자구조에 가깝다고 할 수 있다.

● 증강현실

현실은 실제로 내가 존재하여 있는 이곳이며, 현실(Reality)의 대립되는 철학적 개념은 이상(Ideal)이 되고, 실제로 존재한다는 뜻의 실재(Nonfiction)의 대립어는 공상(Fiction)이 된다. 역사물이나 실화극, 다큐멘터리는 실재했던 것을 소재로

함을 원칙으로 하되 그 안에 각색과 편집이 포함되어 있고, 일반적으로 소설이나 영화, 게임 등의 창작물에서는 공상을 그 소재로 하는 경우가 많다. 창작물에서 실제로 일어나지 않은, 즉 현실이 아닌 것은 공상이라 할 수 있는데, 공상은 현실에서 있을 법한 일만을 다루지는 않는다. 현실에서 일어날 가능성이 전혀 없는 일도 충분히 공상의 소재로 삼을 수 있다. 하지만 공상은 현실과 어느 정도 유사하지 않으면 안 된다. 아무리 허무맹랑한 공상의 세계라고 하더라도 지금 우리가 있는 이 현실과의 공통점이 조금이라도 있지 않으면 우리는 그 공상의 세계관 자체를 이해할 수 없기 때문이다.

공상이 상상에 가까운 개념이라면 가상(Virtual)은 허상에 가까운 개념이다. 공상이 현실과 유사하지만 실제로 존재하지 않는 것이라면, 가상은 존재는 하지만 실체가 없는 것이다.

실제와 유사하지만 실제가 아닌 인공적인 환경을 가상현실(Virtual Reality)이라고 부른다. 만들어진 환경이기 때문에 그 존재는 있다. 하지만 그 환경 자체는 현실에서의 시각으로 볼 때 실체가 없다. 쉬운 예로는 파일럿이나 우주비행사의 비행시뮬레이션(Flight Simulation)을 생각하면 된다. 비행훈련 속의 프로그램은 분명히 존재하지만 그 실체는 현실의 것이 아니며 훈련이 끝나면 현실로부터 사라져 버린다. 실생활에 가까운 더 쉬운 가상현실의 예로써 스크린으로 즐기는 골프나 야구, 운전연수 등을 생각할 수 있다. 가상현실 안에서 운전을 하다가 사망에 이를 정도의 사고를 낸다고 하더라도 현실에서의 나는 죽지 않는다. 현실에서 운전(연습)을 하는 나는 실체이고, 화면 안에서 차를 운전하는 (것처럼 여겨지는) 나는 허상이기 때문이다. 그렇기 때문에 오락 목적이 아닌 가상현실은, 실제로 실행하였을 경우 큰 위험이 따르거나 실행 자체에 많은 금액이 드는 경우에 이용되고 있다. 영화 〈매트릭스〉나 〈인셉션〉에서 보이는 기계 속 세계나 꿈의 세계를 떠올리기까지 할 필요도 없다.

  그런데 여기에서, 게임 같은 것도 가상현실이 아니냐고 반문을 받을 수가 있다. 그러나 가상현실의 대전제는 인공적으로 고안된 환경이 현실과 똑같거나 아주 비슷하여야 한다는 것이다. 그리고 가상현실을 체험하는 대상이 현실에서와 같은 느낌을 받고 그 느낌이 경험으로 쌓일 수 있어야 한다. 가상현실로 비행시뮬레이션을 하는 파일럿은 그것으로 인하여 실제 훈련과 같은 경험치가 축적되어야 하며, 스크린 골프의 경험을 어느 정도 쌓은 사람은 골프실력이 늘어야 한다. 아무리 해도 골프실력이 늘지 않는다면 그것은 가상현실이 아닌 게임이며, 골프게임은 플레이를 거듭해도 골프에 대한 지식이 늘지언정 골프실력 자체가 향상된다고 볼 수는 없다. 현실성이 부족한 것은 가상현실이 아니고, 그런 이유에서 게임은 가상현실로 보기에는 무리가 있으며 픽션의 개념인 창작물이다.

재해대책강국인 일본에서는 관공서나 교육기관에서 한국에는 없는 형태의 체험을 할 수 있다. 바로 지진체험이다. 기차 안, 승용차 안, 길거리, 방안, 사무실 등과 똑같이 꾸며 놓은 세트에 사람이 들어가서 각 진도에 따른 흔들림과 충격을 그 안에서 실제로 경험한다. 처음 들어간 사람은 비명을 지르고 혼란상태에 빠지지만 경험이 계속될수록 각 상황에 따라 다른 행동을 취하게 된다. 이는 지진의 무서움을 경험해서 알고, 실제로 지진을 만났을 때 비명만 지르고 있지 말고 때와 장소, 자신의 상황에 맞추어 알맞게 대처를 하라는 의미이다. 이러한 지진체험 또한 넓은 의미에서는 가상현실체험이라고 할 수 있지만, 가상현실은 현재 좁은 의미로 컴퓨터 등의 디지털 기기를 이용한 환경에 한하여 정의를 내리고 있다. 지진체험과 같은 것은 간단히 체험학습이라고 한다. 실제와 같은 환경을 제공하고 그 안에서 적절히 대처하라는 점에서는 학교의 시험, 군대의 훈련도 비슷한 맥락이다.

최근 증강현실(增強現實)이라는 말이 유행처럼 번지고 있다. 증가현실로 오해할 만큼 용어 자체가 생소한데, 영어로는 Augmented Reality, 중국어로는 확증실경(擴增實境), 일본어로는 확장현실(擴張現實)이라고 한다. 이 네 개의 용어를 가만히 살펴보면 '현실에서 (무언가가) 넓어지거나 증가한다' 또는 '현실이 (무언가에 의해) 넓어지거나 증가한다'는 의미로 파악할 수 있다. 강화된다는 의미가 있는 것은 한국어에서뿐이고 영어에서 또한 넓어졌다는 의미 외에는 없다. 그렇다면 현실에서 무언가가 넓어졌다면 무엇이 넓어진 것이고, 현실이 무언가에 의해 넓어졌다면 무엇에 의한 것일까.

〈증강현실〉

바로 정보이다. 현실에서 정보가 넓어졌다고 볼 수도, 현실이 정보에 의해 넓어졌다고 볼 수도 있다.

증강현실은 인간이 인지하는 실체에 기계가 정보를 부가해 주는 개념을 말한다. 아직은 시각적 정보만을 의미하고 있는 듯한데, 그와 비슷한 것을 우리는 이미 실생활에서 이용하고 있다. 바로 자동차의 내비게이션 기능이다. 시각에 국한된 증강현실은 인간이 실제로 보고 있는 실체에 정보가 부가되는 것을 말하기 때문에 실사가 아닌 그림인 내비게이션의 화면은 증강현실과는 거리가 있을지도 모르며 오히려 가상현실에 가까울지도 모른다. 하지만 속도제한, 위험요소 경고, 주변시설 안내와 같은 내비게이션의 음성정보는 운전자가 접하고 있는 현실에 기계가 정보를 부여한다는 점에서 넓은 의미에서 증강현실로 볼 수 있다. 단, 시각적 현실에는 반드시 시각적 정보가 부여되어야 하고, 청각적 현실에는 반드시 청각적 정보가 부여되어야만 증강현실로 인정할 수 있다는 조건이 없다면 말이다. 증강현실을 '인간이 실제로 보고 있는 실체에 기계가 정보를 부가해 주는 것'이 아닌, '인간이 실제로 지각하고 있는 현실에 기계가 정보를 부가해 주는 것'으로 정의한다면 음성정보 제공은 훌륭한 증강현실의 예가 된다. 만일 현재의 자동차 기술이 발달하여, 신호기의 위치나 위험요소, 차로의 차선, 방향전환 화살표 등이 자동차 앞 유리에 직접 표시된다면 이는 현재 증강현실의 정의에 완전히 부합된다. 인간의 눈으로 보고 있는 실체와, 장치(자동차의 앞 유리)를 통해서 보고 있는 실체가 동일하며, 그 장치는 인간에게 유익한 정보를 전달해 주고 있기 때문이다.

조금 더 쉬운 예를 들어보자. 영화 〈터미네이터2(Terminator2, 1991)〉의 초반부에 아놀드 슈워제네거가 분한 터미네이터 T-800이 미국의 모처에 시공간이동을 하여 파견된다. 이때 T-800은 알몸상태였으며 옷과 이동수단을 구하기 위해 마침 근처에 있던 술집으로 들어가 안에 있던 사람들을 하나하나 관찰한다. 그때 영화 속의 카메라는 T-800의 시각으로 비쳐지는데 자신의 신체사이즈와 같은 옷을 입은 남자를 찾는 과정에서 T-800의 눈의 렌즈는 효과음과 함께 그에게 숫자와 문자로 여러 가지 정보를 보여준다. T-800은 이후 존 코너와 사라 코너를 찾는 데에도 눈의 렌즈에 설치된 인디케이터에 의존한다. T-800이 활용한 인디케이터가 바로 증강현실을 이용한 아이템이다. 터미네이터 시리즈를 보지 않은 사람은 영화 〈프레더터(Predator, 1987)〉에 등장하는 외계인의 시야를 떠올리면 된다.

증강현실이 상업화된 예로, 현재 여행 관련업체가 제공하는 서비스가 있다. 가령 낯선 여행지를 가서 건물이나 풍경을 애플리케이션을 통해 바라보면 그곳의 명칭과 설명이

나오는 식이다. 이는 여행자가 이용하는 기기에 카메라가 탑재되어 있지 않으면 안 되며, 컴퓨터의 기능을 하지 못하는 일반 디지털카메라로도 불가능하다. 스마트폰이 최적화된 기기이다.

　모든 사람이 사용하고 있는 것은 아니지만 주변의 스마트폰으로 손쉽게 시험해 볼 수 있는 증강현실 아이템이 또 있다. 바코드 스캐너라고 하는 애플리케이션이 그것인데, 사용법은 간단하다. 우선 스마트폰으로 앱을 내려받고 설치가 되면 그 앱을 실행한다. 스마트폰 카메라와 비슷한 창이 나오는데 그 창에 어떤 상품의 바코드를 비춘다. 카메라 렌즈가 이것이 바코드라는 것을 인식하게 되면 몇 개의 점들이 점멸하면서 자동으로 코드값을 읽게 되며, 사용자가 화면 하단에 있는 인터넷검색 등의 아이콘을 터치하면 그 코드값을 근거로 하여 기계는 상품의 정보를 검색하여 제공해 준다. 또한 스마트폰 카메라의 기능 중에, 카메라의 렌즈에 사람 얼굴이 투영되면 자동으로 얼굴에 초점이 맞추어지거나 얼굴을 환하게 보정해 주는 것이 있다. 또한 렌즈에 투영된 사람이 화면을 직접 터치하지 않고 손바닥을 보여주거나 웃는 표정을 짓는 것만으로 자동적으로 사진이 찍히는 기능도 있다. 우리에게 직접적인 정보를 제공해 주는 것은 아니지만, 인간이 디지털 기기를 통해서 보는 현실에서의 피상체, 그 안에서 기계는 유의미한 자료를 인지하고 인간에게 다시 유익한 형태로서 피드백을 제공해 준다. 이러한 피드백의 제공은 넓은 의미에서의 증강현실로 볼 수 있으며, 우리가 매일 사용하는 스마트폰 안에도 증강현실을 이용한 아이템이 숨어 있는 것이다. 아니, 증강현실을 일상생활에서 이용할 수 있도록 최적화된 기기가 스마트폰일지도 모른다. 지금까지 우리에게 증강현실이라는 용어가 생소했을 수는 있어도, 우리는 이미 그것을 체험하고 있었던 것이다.

현실과 가상의 경계

공상과 증강현실의 차이는 실제 우리가 살고 있는 현실 안에 창작물이 존재하느냐 그렇지 않느냐 하는 것이다. 공상은 우리의 현실 안에 창작물이 들어와 있지 않으나, 증강현실은 우리의 현실 안에 창작물이 들어와 있는 형태이다. 현실과 가상의 경계라는 이야기를 하기에 앞서 먼저 '가상의 우선시화'에 대해 생각해 보자.

플레이스테이션(Play Station), 플레이스테이션 포터블(Play

Station Portable, PSP) 용으로 발매된 일본의 어드벤처 액션게임인 〈용과 같이(龍がごとく)〉 시리즈는 폭력조직인 야쿠자에 소속된 한 남자의 이야기를 그리고 있다. 당연히 폭력과 범죄가 주된 소재이며 일본 사회의 어두운 자화상을 사소한 뒷골목의 이야기에서부터 정치와 권력에 관한 것으로까지 넓혀서 그려내고 있다. 일본에서 폭발적인 인기를 끌었던 이 시리즈의 특징은 재미와 게임의 완성도에 있을 수도 있으나, 무엇보다도 게임 속의 배경을 현실에서의 배경과 똑같이 재현하였다는 점에 있다. 특히 일본의 유명한 환락가를 현실의 모습 그대로 게임에 투영하였는데, 〈용과 같이1〉은 도쿄의 가부키초(歌舞伎町)를, 〈용과 같이2〉는 오사카의 도톤보리(道頓堀)를 놀라울 정도로 사실과 가깝게 그려내었다. 실제로 존재하는 도로와 건물, 업소의 간판, 벤치와 다리의 난간 등 지형지물까지 매우 흡사하다. 심지어 현실성을 꾀하여 랜드마크급 간판을 묘사하고 소매점이나 음식점의 이름을 그대로 사용하기 위해 그 기업들과 라이선스 계약까지 맺었다. 이미 이 거리를 알던 사람은 게임 속의 세상을 보고 반가움을 느끼겠지만, 이 거리를 가 본 경험 없이 게임을 하는 사람은 게임을 통해 이곳을 알게 된다. 만일 게임을 먼저 플레이한 후 나중에 이 거리를 찾아간 사람은 어떠한 감정을 느끼게 될까? 신기함이다. 사진 속으로만 보았던 세계의 관광지나 랜드마크를 직접 찾아가 보았을 때

느끼는 신기함, 모니터 화면 속에서만 보았던 유명인을 내 눈으로 보았을 때의 신기함을 느끼게 되는 것이다. 이미 알던 곳을 나중에 사진으로 보는 반가움이 아니라, 사진으로 보고 알았던 곳을 찾아가서 내 눈으로 보았을 때 느끼는 신기함과 감동을 느끼게 되는 것이다. 이것이 실제로 존재한다는 사실을 내 눈으로 확인했다는 것이다.

ATM이라는 단어를 보았을 때 무엇이 떠오르는가. 많은 사람들이 현금자동인출기(Automatic Teller Machine)를 연상할 것이다. 영어로 은행원을 Bank Teller라 하기 때문에 ATM을 직역하면 자동은행원기계 정도가 되겠다. 축구를 좋아하고 잘 아는 사람은 ATM에서 아틀레티코 마드리드(Atletico Madrid) 팀을 떠올릴 수도 있다. 하지만 ATM은 대기, 기압이라는 뜻을 가진 Atmosphere를 축약한 말로 전 세계적으로 먼저 쓰이고 있었다. ATM을 현금지급기로, 축구팀으로, 기압으로, 그 무엇으로 인식해도 틀린 것이 아닌 것처럼, 단어나 사물의 선후관계나 기원을 아는 것은 중요한 의미를 갖지 않는다. ATM이라는 단어를 보았을 때 떠오르는 첫 번째 대상, 내가 가장 가깝게 느끼는 대상이 나에게 유의미한 존재라는 사실이 중요한 것이다.

한니발이라는 이름을 들었을 때 떠오르는 이미지는 무엇인가. 알프스 산맥을 넘어 로마와 싸운 카르타고의 명장 한니발 바르카의 전신상을 떠올리는 사람도 있을 것이고, 이미지 없이 그 인물의 사항에 대해서만 떠올리는 사람도 있을 것이다. 하지만 베트남전에 참전했던 그린베레 노병의 얼굴을 떠올리는 사람도 있을 것이다. 그린베레 노병의 얼굴을 떠올리는 사람은 분명 8~90년대 미국 드라마 〈A특공대(The A-Team)〉를 즐겨본 사람일 것이며, 그렇지 않은 사람은 드라마 〈A특공대〉를 모르거나, 안다고 하더라도 고대 로마사가 그 드라마보다 자신에게 더 의미가 있는 사람일 것이다. 드라마 속 등장인물의 이름은 말할 것도 없이 카르타고의 장군의 이름에서 따온 것이다. 하지만 한니발이라는 이름을 들었을 때 장군의 이미지가 아니라 드라마 속 노병의 이미지를 먼저 떠올리는 사람이 있어도 그것은 그 사람의 탓이 아니다. 고대 로마사보다 그 드라마를 먼저 알게 되었거나, 고대 로마사보다 그 드라마에 더 친근감을 느끼는 것일 뿐이다. 하지만 일상생활에서 아무런 단서나 조건 없이 누군가에게 '한니발은 매력적인 리더였다'라는 말을 듣고, 상대가 카르타고의 장군이 아닌 드라마 속 노병의 이야기를 하고 있다고 이해한다면 문제는 달라진다. 현재 사회의 통념상 역사 속 장군 한니발을 드라마 속 노병 한니발보다 유의미한 것으로 간주하기 때문에 단서나 조건이 붙지 않을 경우 장군 한니발을 우선시하는 것이 자연스러운 일이기 때문이다. 장군 한니발은 실재했던 '현실의 존재'이고, 노병 한니발은 창작된 '가상의 존재'이다. 자신이

몸담고 있는 세계에서 일반적으로 '현실의 존재'가 '가상의 존재'보다 유의미한 것으로 여겨질 때, 자신의 가치관 하에 '가상의 존재'를 '현실의 존재'보다 더 가치 있는 것으로 고집하면 문제가 생기게 된다.

'현실의 존재'를 A, '가상의 존재'를 B라고 가정해 보자. 통념상 A가 B보다 유의미하다고 평가되는 경우 나 또한 A에 가치를 두면 문제가 발생하지 않는다. 마찬가지로 B가 A보다 유의미하다고 평가될 때 나도 B에 가치를 두면 문제가 생기지 않는다. 그런데 B가 A보다 유의미하다고 평가될 때 내가 A에 더 높은 가치를 두면 고리타분한 사람, 유행을 모르는 사람 정도로 치부되고 끝날 일이다. 예를 들어, 애니메이션 이야기로 화제가 만발했을 때 〈원피스〉 이야기가 나왔다. '난 원피스는 불편해서 못 입겠더라'라는 말을 누군가가 한다면 어떤 분위기가 될지 상상해 보자. 하지만 A가 B보다 유의미하다고 평가될 때 내가 B에 더 높은 가치를 두면, 다시 말해 현실의 것이 유의미하다고 여겨지는 사회에서 내가 가상의 것에 더 높은 가치를 둘 때에 불거지는 문제가 있다. 가상을 현실보다 중시하는 것, 흔히 말하는 '현실과 가상의 혼동'이다.

그러나 '현실과 가상의 혼동'이라는 말에 대해서는 약간 재고할 필요가 있다. 현실과 가상의 혼동이라 함은 말 그대로 무엇이 현실인지 무엇이 가상인지 판단하지 못한다는 이야기이다. 약물중독이나 정신질환으로 고통 받고 있는 사람이 아니라면 좀처럼 일어날 수 없는 일이다. 하지만 뉴스 등의 매스미디어를 통하여 심심치 않게 접할 수 있는 사건 중에, 게임 속의 아기를 키우기 위해 자신의 실제 아이를 방치한다거나, 게임 속에서의 말다툼 때문에 실제로 상대방을 만나 살해한다거나, 게임머니를 벌어 게임 속에서 부자가 되기 위해 수십 수백만 원의 계정을 구입한다거나, 게임 속에서 높은 지위를 얻기 위해 무직으로 장기간 생활한다거나 하는 일들이 있다. 분명 모순되는 행위이지만 그들에게는 행동에 대한 이유가 있다. 그들 중 게임 속에서 부유하고 건강하기 때문에 현실에서도 식사를 하지 않고 수면을 취하지 않아도 된다고 생각하는 사람은 단 한 명도 없을 것이다. 게임에서 취하는 식사와 휴식은 실제로 나의 육체에는 하등의 도움이 되지 않다는 것을 알기 때문이다. 가끔 3~4일간 먹지도 자지도 씻지도 않고 게임에 몰두하다가 사망하는 사람의 기사를 접할 수 있다. 하지만 그들 또한 스스로가 먹고 자지 않아도 살 수 있을 것이라고는 생각하지 않았을 것이다. 다만 그 시간에 조금 더 게임을 하기 위해 자리를 뜨지 않았거나 게임 외의 것들은 관심 밖의 일로 여겼을 가능성이 크다. 만일 게임에 너무 몰두하여 판단력이 흐려진 나머지 스스로가 다른 사람들처럼 취식과 취면을 하지 않아도 살 수 있을 거라고 진심으로 믿었다면 그

것은 정말로 현실과 가상을 혼동한 것이다. 하지만 이렇게 스스로의 목숨을 내버릴 정도까지가 아닌 선에서 모순되는 행동을 하는 원인은 무엇일까. 그것은 가상을 현실보다 우선시하는 심리에 있다. 그 원인에 대해 현실에서 도피하기 위하여, 가상의 세계에서는 노력한 만큼 결과가 나오기 때문에 현실에서 못 이룬 지위와 성취감을 위하여 등으로 해석하는 사람들도 있다. 하지만 실제로는 그러한 것보다 더 원초적인 이유가 있을 듯하다. 가상의 세계가 현실의 세계보다 훨씬 재미있고 좋고 즐겁기 때문이다. 그 재미와 좋음과 즐거움이 현실에 대한 부담과 의무를 억누르는 기제가 된다. 위 단락의 마지막에 가상을 현실보다 중시하는 것을 흔히 '현실과 가상의 혼동'이라고 한다 하였는데 여기에는 어폐가 있다. 가상을 현실보다 중시한다고 하면 가상을 현실과 혼동 또는 동일시하는 것이 아니라 현실보다 가상에 우선순위를 두는 것이다. 그러므로 '가상의 우선시화'가 올바른 말이다.

증강현실과
포켓몬GO

〈포켓몬GO〉가 출시되자마자 전 세계적인 열풍을 불러일으켰다. 원작인 〈포켓몬스터〉는 최초에는 게임이었으나 이후 애니메이션이나 만화로 확장되었다. 당시의 어린이들이 기성세대가 되었으며, 유아에서 중장년층까지 연령대를 막론하고 〈포켓몬스터〉의 새로운 진화에 열광하고 있다.

〈포켓몬스터〉 시리즈의 장점과 〈포켓몬GO〉의 게임성 때문에 세계적인 신드롬을 일으키는 것일 수도 있으나 무엇보다 새로운 형태의 게임포맷이라는 점에서 신선함을 어필하고 있다. 직접 육안으로 보는 현실 속에서 가상의 개체를 발견하여 포획하고 그들로 결투를 벌인다는 내용의 게임은 어찌 보면 엉뚱한 발상이기도 한데, 단순히 새로운 포맷의 게임이라서가 아닌 〈포켓몬GO〉만이 갖고 있는 매력이 있을 법도 하다.

〈용과 같이〉 시리즈는 현실의 배경을 가상의 세계에서 똑같이 재현함으로써 많은 유저들의 공감을 얻었다. 이 게임의 경우 시나리오 안에서 최종목표를 클리어했다면 그 시점에서 게임을 그만 둘 수도 있으나 클리어했을 당시의 능력치와 아이템을 그대로 갖고 다시 한번 게임에 도전해 볼 수 있다. 이미 클리어한 시나리오와 관련 없이 게임 안에 만들어진 세계에서 말 그대로 마음껏 노는 것이다. 그 목적은 플레이어에 따라 다르다. 시나리오대로 목표를 수행하는 것은 어드벤처액션게임의 요소이지만 제2의 플레이는 시나리오와 관계없이 자신이 하고 싶은 것을 하는 것이다. 이러한 게임의 장르를 전술한 바와 같이 샌드박스라고 하는데 잘 알려진 게임으로서 〈GTA〉 시리즈가 유명하다.

하지만 〈용과 같이〉 시리즈도 〈GTA〉 시리즈도 샌드박스 게임으로서 무한히 즐기기에는 한계가 있다. 면적이 제한되어 있기 때문이다. 게임 상의 전체 맵을 현실에 적용하면 가로세로 수 킬로미터의 면적이 되지만 100시간 이상의 단위로 플레이하고, 그 안에서 계속 새로운 목표를 찾아가는 사람은 어느덧 싫증을 토로한다. 그 세계가 좁게 느껴지는 것이다. 그 싫증을 해결할 수 있는 방법은 하나밖에 없다. 더 넓은 월드(게임계 용어, 세계라고 번역해도 무방하다)를 만드는 것이다. 게임을 즐기는 플레이어는 조금 더 넓은 월드를 원하지만 샌드박스류 게임의 개발자에게는 보통 큰 문제가 아니다. 단지 게임의 배경이 되는 세계를 넓힌다고 해결되는 것이 아니라, 넓어진 세계의 면적만큼 그 안에 일어나는 변수와 이벤트, 사건을 배치하여야 한다. 가로세로 1의 길이를 갖는 월드의 면적은 1이다. 하지만 길이를 2배로 늘였을 때의 면적은 4배가 된다. 한 면의 길이를 5배로 늘이면 면적은 25배가 되고, 10배로 늘이면 면적은 100배가 된다. 그만큼의 배수에 따른 변수를 개발자는 일일이 알고리즘으로 짜서 월드맵에 배치하지 않으면 안 되는 것이다.

또한 〈용과 같이〉 시리즈처럼 현실과 흡사한 공간적 배경의 게임을 플레이하는 사람이 공통적으로 느낄 수 있는 발상이 있다. 게임에 묘사된 거리처럼 이 도시 전체를 배경으로, 아니 이 나라나 지구 전체를 배경으로 게임을 만드는 것은 불가능할까 하는 것이다. 말 그대로 전 지구가 게임의 공간적 배경이 되는 셈인데, 지구상의 모든 장소를 하나의 게임 안에 담는 것은 현재의 게임 개발수준으로서는 불가능하다. 그 전에 전세계 지상의 정보를 모으는 것 자체가 불가능하다. 현재로서는 기껏해야 항공사진 수준의 정보에 머물러 있다. 하지만 그러한 것을 원하는 수요가 있고, 부득불 그 요구에 맞추어야 한다면 해결책이 없는 것은 아니다. 게임 안에서 지구를 재디자인할 필요 없이 지구 자체를 게임의 배경으로 사용하면 되는 것이다. 증강현실의 본격적인 활용법인 것이다.

증강현실에서 하나의 도시, 아니면 하나의 나라나 지구 전체가 게임의 배경이 되었을 때 어떠한 일이 벌어질 수 있을까. 먼저 그 게임을 플레이하는 사람과 플레이하지 않는 사람 간의 세계가 따로 존재할 수 있다. 게임을 플레이하지 않는 사람에게는 현실의 세계만이 있을 뿐이지만 게임을 플레이하는 사람에게는 현실과 더불어 가상의 세계가 존재한다. 현실의 세계로서 나에게 의미가 있는 곳은 내가 살아가는 공간이 되지만, 정작 나에게 의미가 없었던 현실의 공간이 가상의 세계에서는 유의미한 존재가 될 수 있다. 포켓몬이 출현한다는 소문을 듣고 달려간 모처는 맛있는 요리나 아름다운 바다나 찬란한 풍경이 있어도 의미가 없다. 포켓몬은 가상의 존재이지만 나의 목표였던 반면, 요리나 바다나 풍경은 현실이지만 나의 목표가 아니었기 때문이다.

우리의 현실세계가 그대로 게임의 배경이 된다면 현실과 가상의 두 가지 세계가 생기게 된다. 증강현실에 기반하지 않는 기존의 게임에서는 제한된 면적 안에서 행동반경에 제약을 받지만 증강현실에 기반한 게임에서는 현실과 같은 면적의 세계가 또 하나 존재하게 된다. 마치 시간여행을 하고 나서 생기는 평행세계처럼 말이다. 현실과 가상의 일체화는 엄청난 일인 것이다.

이처럼 신드롬을 몰고 다니는 〈포켓몬GO〉의 정체는 무엇일까. 한두 마디로 정의를 내리기가 쉽지 않지만 그 장르를 파악해 보자. 육안으로는 보이지 않는 몬스터를 기계가 제공해 주는 정보에 의해 포획한다는 점에서 증강현실에 기반한 것이고, 포획한 몬스터를 오락의 목적으로 활용한다는 점에서 게임이 맞다. 하드웨어적인 면으로 보면 스마트폰을 적극적으로 활용한다는 점에서 모바일앱이며, 서사구조상 원작의 스토리를 기초로 하여 유저들이 각자의 이야기를 만든다는 점에서 액자구조이다. 게임을 플레이할 수 있는 공간적 배경이 무한하다는 점과 게임의 결말이 없다는 점에서 샌드박스, 몬스터를 수집하기 위해 정보를 모으고 곳곳을 찾아가야 한다는 점에서 어드벤처, 몬스터를 육성하고 진화시킨다는 점에서 시뮬레이션, 경기장에서 다른 몬스터와 결투를 하고 전략을 세워야 한다는 점에서 스포츠게임이라고 할 수 있다.

한 줄로 정리하면 〈포켓몬GO〉는 액자구조의 스토리에 증강현실을 기반으로 한 샌드박스형 모바일게임으로서, 어드벤처와 육성시뮬레이션, 액션과 스포츠의 요소가 가미된 새로운 개념의 엔터테인먼트라 할 수 있겠다.

증강현실게임의 미래

유행하는 게임의 트렌드가 현실과는 다른 공상게임에서 시작하여, 현실에 대한 정보를 기계를 통해 얻는 증강현실

게임, 현실을 그대로 구현한 가상현실체험게임으로 점차 발전해 갈 것이라는 예상을 한 사람은 적지 않다. 하지만 가상현실체험이 시뮬레이션이나 훈련 및 교육 등의 형태로 조금씩 상용화되어 가고 있는 시점에 대히트를 친 증강현실게임이 〈포켓몬GO〉이다. 하지만 영화에서 보듯 인간의 모든 감각기관을 기계에 연결해서 실제로 게임 속의 주인공이 된 것 같은 가상현실체험게임, 그 본격적인 게임 자체가 일반화되어 있지 않다는 점에서 증강현실게임이 가상현실체험게임보다 시대에 앞선다는 것은 틀리지 않은 수순일 수도 있다.

〈포켓몬GO〉의 유행과 함께 미국뿐만 아니라 한국, 중국, 일본의 게임회사에서 앞다투어 증강현실게임을 개발 중에 있다. 무엇을 다루는 게임이 어떻게 개발되어 나올지가 상당히 기대되는데, 〈포켓몬GO〉의 등장 직후에 개발 중인 게임의 일반적인 포맷은 다음과 같은 듯하다. 〈포켓몬GO〉와 그다지 다르지 않아, 일정한 장소를 찾아가서, 개체를 발견하여, 포획 또는 수집한 후, 육성 및 진화를 시켜, 놀이나 전투에 이용하고, 게임 속의 플레이어의 캐릭터가 성장하는 흐름이다. 즉, 탐방→발견→수집→육성→대결→성장의 플롯이다. 그러면 이러한 플롯을 응용한 증강현실게임은 어떠한 것으로 파생될 수 있을까. 그 미래에 대한 예를 들어보자.

〈포켓몬GO〉는 서비스되고 있는 모든 지역에 공통적으로 등장하는 몬스터가 있는가 하면 어느 한정된 지형, 공간에서만 등장하는 몬스터도 있다. 위에서 〈포켓몬GO〉의 장르에 어드벤처적인 요소가 숨어 있다고 언급을 하였는데, 어드벤처게임이나 롤플레잉게임에 등장하는 이른바 캐릭터의 속성을 이용한 것이다. 물의 속성을 지닌 몬스터는 강이나 호수, 바다에서, 나무의 속성을 지닌 몬스터는 산이나 숲, 공원에서, 불의 속성을 지닌 몬스터는 화산에서와 같은 식이다. 이는 얼마든지 응용이 가능하다. 몬스터의 이름과 비슷한 마을에서만 그 몬스터가 출현한다든지, 포켓몬스터의 원형이 되는 요괴가 있을 경우 그 요괴와 유서가 깊은 지역에서만 등장한다든지 하는 형태이다.

　이를 응용해 보기 위해 먼저 중국으로 시선을 돌려 보자. 중국을 배경으로 하는 게임 중에 가장 많은 사랑을 받는 것은 무엇일까. 바로 〈삼국지(三國志)〉이다. 삼국지 게임의 발상지인 일본에서는 '코에이(KOEI)'사의 〈삼국지〉 시리즈와 〈삼국무쌍(三国無双)〉 시리즈를 필두로 하여 아케이드·비디오·컴퓨터·모바일게임이 끊임없이 개발되고 있으며, 한국의 모바일게임에서도 삼국지가 많이 사용되고 있다. 한국의 모바일게임은 삼국지, 롤플레잉, 퍼즐 말고는 없다는 볼멘소리가 나올 정도이기도 하다. 삼국지가 게임의 소재로서

적절한 이유는 소설 삼국연의(三國演義)의 스토리 자체가 재미있고, 등장하는 캐릭터가 매우 다양하고 개성이 넘치며, 무엇보다 게임으로 제작했을 때 게임의 세계관을 플레이어에게 이해시키기 쉽기 때문이다.

중국 현지에서 삼국지가 증강현실게임으로 본격적인 개발이 시작된다면 다음과 같은 형태를 띨 가능성이 크다. 먼저 현재 중국 각지에 흩어져있는 전투병과 자원을 스마트폰을 이용한 삼국지게임 앱으로 수집한다. 그 전투병들이 일정 수 이상 모이면 부대를 편제할 수 있고 자원이 어느 정도 쌓이면 진이나 성채, 망루, 더 나아가 성을 건설할 수 있다. 하지만 중요한 것은 편제된 부대를 통솔하는 장수이다. 이해를 돕기 위해 편의상 현재 중화인민공화국의 지명이 아닌, 삼국연의에 나타난 지명을 사용해서 설명해 보면 다음과 같다. 보병과 같은 기본적인 전투병은 어디에서나 얻을 수 있지만, 정예기병은 서량(西涼), 정예창병은 청주(淸州), 정예궁병은 형주(荊州), 수병은 오월(吳越), 도적은 서주(徐州), 승려는 중원(中原)과 같은 식으로 얻을 수 있는 지방을 한정한다. 각 지방은 현재 중국 지방의 옛터가 아니면 안 된다. 같은 식으로 명성 있는 무장도 그 무장의 출신지나 연고지에 따라 배치해서 그 도시들을 방문해야 손에 넣을 수 있게 하는 것이다. 이를테면 촉한(蜀漢)의 초대황제 유비(劉備)를 얻을 수 있는 지역을, 청년기는 탁현(涿縣), 중년기는 평원(平原), 장년기는 강릉(江陵), 노년기는 성도(成都)가 있던 곳으로 한정하는 시스템이다. 각 연령에 따른 능력치나 인물의 일러스트 변화는 개발사가 결정해야 할 문제이지만 말이다.

이를 일본에도 적용시킬 수 있다. 기본적인 게임의 포맷을 동일하게 하되, 등장인물과 지역을 일본에 맞추는 것이다. 물론 배경은 중국의 삼국지와 비슷한 특징을 갖고 있으며 수많은 게임의 소재가 된 일본의 전국시대(戰國時代)이다. 오다 노부나가(織田信長)는 아즈치(安土) 및 기후(岐阜), 도요토미 히데요시(豊臣秀吉)는 오사카(大阪), 도쿠가와 이에야스(德川家康)는 미카와(三河)나 에도(江戶), 다테 마사무네(伊達政宗)는 센다이(仙台)에서만 발견되는 형식으로 개발할 수 있다. 또한 당시의 시대적 특징에 맞추어 무기와 서양문물 등도 도입할 수 있다.

미국의 경우라면 어떨까. 골드러시(Gold Rush)라고 하는 서부개척시대를 배경으로 하는 게임도 생각해 볼 수 있다. 80년대 말, 〈금광을 찾아서(Lost Dutch Mine)〉라는 어드벤처 게임이 있었다. 산과 사막, 강, 마을이 있는 맵을 돌아다니며 산에서 금광을 찾아 금을 캔 뒤 마을의 은행에 가서 현금으로 바꾼다. 모은 돈으로 다시 당나귀나 장비, 무기, 음식을 사고 사막 등을 이동할 때 생기는 여러 가지 사건에도

대처하며 모험을 한다는 내용이다. 이 게임은 플레이어가 사망할 시 게임이 끝나지만 특별한 결말도 스토리도 시나리오도 없다. 플레이어가 그만둘 때까지 계속해서 놀 수 있는 샌드박스형 게임의 원조격인 작품이다. 이 게임처럼 실제로 금맥이 대거 발견되었던 캘리포니아(California)나 네바다(Nevada), 애리조나(Arizona), 텍사스(Texas) 등의 지방을 방문해야 금광을 탐험할 수 있다는 설정도 가능하겠으나 이렇게 되면 그 지역에 살고 있는 사람과 그렇지 않은 사람 간의 지역적 불균형이 심해진다. 지역에 따라 얻을 수 있는 개체나 자원이 한정된 시스템은 위의 삼국지나 일본의 전국시대를 배경으로 한 게임도 마찬가지지만 플레이어가 속해 있는 곳에 따른 편차가 심해지게 마련이다.

 이러한 문제를 해결하기 위해서는 시각을 바꿀 필요가 있다. 금광이 발견되는 곳을 실제로 금이 묻혀 있던 지방이 아니라 어느 도시에서나 찾아갈 수 있는 곳으로 설정하면 된다. 이를테면 게임 속 은행은 미국에 실재하는 특정한 은행, 무기와 장비를 살 수 있는 곳은 특정한 편의점, 식량을 살 수 있는 곳은 특정한 슈퍼마켓, 사람을 만나서 정보를 교환하는 곳은 특정한 패스트푸드점으로 정한 뒤, 그 점포 내부나 근처에 한하여 게임 속 태스크를 수행할 수 있게 하는 것이다. 물론 게임 개발사와 점포들은 사전에 독점 라이

선스가 체결되어 있어야 하고 게임이 성공한다면 자연스럽게 개발사와 점포는 상호공생을 하게 된다. 그렇다면 가장 중요한 금광은? 금이 발견되는 공간을 따로 마련하면 된다. 사람이 많이 모여도 위험하지 않은 곳, 공원이나 공터, 광장을 활용하면 되고, 더 많은 금을 획득하기 위해서는 이 게임만을 위해 금맥이 발견되는 스팟(Spot)을 점포의 형태로 새로 오픈할 수도 있다.

 위와 같은 시스템으로부터 〈몬스터 헌터(Moster Hunter)〉류의 증강현실게임의 등장도 가능하다. 〈몬스터 헌터〉 시리즈는 일본의 '캡콤(CAPCOM)'사가 2004년부터 개발한 어드벤처액션게임으로서, 플레이어가 캐릭터를 생성한 뒤 마을에서 NPC에게 무기나 장비를 사고, 퀘스트를 받아 그것을 수행해 나가는 게임인데, 퀘스트를 진행하면서 몬스터와 싸우고, 그로부터 얻는 아이템으로 더 강한 무기와 장비를 만들고 성장을 하여 모험을 계속한다는 내용이다. 이 게임에 등장하는 몬스터는 요괴형이라기보다 짐승형에 가까운 것들이며, 어지간한 장비와 실력이 갖춰지지 않으면 손을 대기조차 어려운 고난도의 것들도 있다. 이를 현실에 적용하면 게임과 호환되는 점포나 업소에 가서 캐릭터를 단련하고 무기, 장비를 구입한 뒤, 공원이나 길에서 화면 속의 몬스터를 만나 플레이어가 전투를 하는 방식이 된다. 탐방→

발견→수집→육성→대결→성장의 흐름을 가진 〈포켓몬GO〉와 비교를 하면 탐험→발견→전투→수집→가공→성장의 흐름을 가진다는 점에서 〈몬스터 헌터〉는 〈포켓몬GO〉와 전체적인 플롯이 매우 닮아 있다. 또한 장르적인 면에서 보면 공상의 현실, 샌드박스형, 어드벤처, 액션, 수집과 성장 등의 요소로부터 현재까지 등장한 게임들 중 〈포켓몬GO〉와 가장 유사한 형태의 게임이라고 할 수 있다. 다만, 〈포켓몬GO〉는 증강현실을, 〈몬스터 헌터〉는 공상현실을 기반으로 한다는 차이점도 있다.

그렇다면 〈포켓몬GO〉 이후의 증강현실을 이용한 게임은 어떠한 것이 있을까. 한국에서 가장 잘 만들 수 있는 게임의 형태를 생각해 보았다. FPS(1인칭 시점 슈팅게임(First Person Shooter)) 장르의 게임으로, 화면상의 인터페이스에는 플레이어가 조종하는 캐릭터가 보이지 않는 것이 일반적이며, 캐릭터의 손이나 캐릭터가 들고 있는 무기가 보일 뿐이다. (게임 속 캐릭터의 전신이 보이는 것은 TPS, 즉 3인칭 시점 슈팅게임(Third Person Shooter)이라 구분하기도 한다.) 1992년 〈울펜슈타인(Wolfenstein)〉 이후, 〈퀘이크(Quake)〉 시리즈, 〈레인보우 식스(Rainbow Six)〉 시리즈, 〈카운터 스트라이크(Counter Strike)〉 시리즈, 〈서든 어택(Sudden Attack)〉 시리즈 등이 속속 등장하였다. 대체로 여러 명의 플레이어가 팀을 짜서 한 스테이지에서 총격전을 벌이는 게임인데, 이 FPS 게임이 증강현실로 등장하면 다음과 같은 형태가 될 것이다.

　우선 컴퓨터 안에서의 화면은 스마트폰으로 재현이 되지만, 컴퓨터 안에서 보던 배경과 대결상대는 현실의 것이 된다. 스마트폰의 카메라 렌즈를 통해서 보는 것이 그대로 화면의 게임이 되며 그 안에 비치는 상대는 실제로 나와 게임을 하는 인간이다. 다만 게임 화면에는 내가 들고 있는 무기의 모습, 현재의 스코어, 화면 속 대상의 피아구분 등이 나타나 있다. 셔터와 카메라모드가 그려져 있는 스마트폰의 카메라 화면을 연상하면 된다. 게임 앱을 내려 받은 플레이어들이 정해진 장소에 모여 팀을 짜고 간단한 룰을 정한 뒤 상대팀과 총격전을 벌이는, 이른바 장비가 필요하지 않은 서바이벌 게임인 것이다. 화면 속 발사 아이콘을 터치함으로써 상대를 공격할 수 있고, 공격을 받아 전투불능 판정을 받은 플레이어는(일정량 이상의 특정전파를 받은 스마트폰은) 게임이 끝날 때까지 무기를 사용할 수 없다든지 하는 핸디캡을 적용할 수도 있다. 실제 장비를 사용하지 않는다는 점에서 개발면에서 경제적이며 사용면에서 대중적인 게임의 형태라고 할 수 있겠다.

　증강현실은 교육용으로도 활용이 가능하다. 실물인식기능이 더욱 발전하게 된다면 길이나 야외에서 볼 수 있는 동물,

식물, 새, 물고기, 곤충 등을 찍어서 그들의 정보를 얻고, 수집한 것들로 도감을 만들 수도 있다. 또한 오락성을 가미하면 게임 속 자원이나 금전을 확보하여 우리나 온실, 수조를 만들어서 나만의 동물원, 식물원, 수족관을 운영하는 방법도 생각할 수 있다.

  게임, 교육, 실용 등 증강현실을 이용한 아이디어는 무궁무진하다. 다만 상상을 안 할 뿐이다.

---

1) 네이버캐스트 게임대백과, 「한국 게임산업 최고의 '스타' 스타크래프트」, 이덕규.

5.

스마트 시대와 요괴

인단비

현대 일본을 대표하는 컨텐츠 산업이 만화와 게임을 위시하는 서브컬처라는 것은 만화를 보지 않는 세대라도 알 정도로 보편적인 지식이다. 시대의 욕구에 따라서 발빠르게 모양을 바꾸는 서브컬처 콘텐츠는 사랑, 우정, 성장 등의 테마를 가진 스토리 속에 다양한 소재를 채용하여 사람들의 마음을 매혹해왔다. 그리고 이들이 끊임없이 동경하고 채용하는 소재 중 하나가 '지금과는 다른 세계'와 '우리와는 다른 생물'이다.

그 중 '우리와는 다른 생물'은 흔히 '일본인에게 친숙한 요괴'의 모습으로 작품에 등장하고 있다. 〈게게게의 키타로(ゲゲゲの鬼太郎, 1960)〉부터 〈유유백서(幽遊白書, 1990)〉[1], 〈포켓몬스터(이하 포켓몬, 1996)〉, 〈요괴워치(妖怪ウォッチ, 2013)〉[2] 등 인외의 존재를 전면에 내세우는 작품은 어느 시대라도 반드시 히트작이 존재할 정도로 익숙하다. '과거의 존재'인 요괴가 끊임없이 소재가 되는 이유가 무엇인지, 세계적인 인기 시리즈[3] 〈포켓몬〉을 단초로 하여 스마트 디바이스용 앱 게임까지 살펴보기로 한다.

포켓몬에서
포켓몬GO까지

　10대 소년, 소녀가 세계를 여행하며 몬스터를 수집, 육성하여 대전한다는 직관적이고 명쾌한 스토리와, 인간과 교감하는 수백종류에 달하는 다채로운 몬스터는 시리즈가 시작된 1996년으로부터 20년 이상 지난 지금도 생생하게 숨쉬고 있다.

　포켓몬 시리즈의 첫 작품은 1996년 발매된 〈포켓몬스터 레드(이하 레드)〉, 〈포켓몬스터 그린(이하 그린)〉이다. 닌텐도의 전폭적인 지원에 힘입어 6년이라는 시간을 들여 개발된 이 게임은 폭발적인 인기를 끌어, 게임성과 캐릭터성이라는 두 축을 중심으로 하여 수집, 육성, 교환, 대전이라는 4가지 요소를 통해 끊임없이 진화하고 있다.

　2016년 7월에 발표된 최신작 〈포켓몬GO(Pokémon GO)〉는 전 세계의 게이머에게 다시 한 번 포켓몬 붐을 일으키고 2018년 현재까지 꾸준한 인기를 보이고 있다. 〈포켓몬GO〉는 닌텐도의 게임기라는 하드웨어에서 벗어나 게임성에 변화를 준

예로, 게임 전용 기기가 아닌 스마트 디바이스로 매개체를 변경하여 두 가지 새로운 기술을 도입했다. 첫 번째는 플레이어(기기)의 위치를 실시간으로 파악하는 위성위치항법(GPS)이며, 두 번째는 액정 화면을 통해 현실세계를 확장하는 증강현실(AR: Augmented Reality)이다.

이 두 가지 기술로 플레이어가 존재하는 현실세계와 포켓몬의 세계관을 토대로 인공적으로 만들어진 가상 세계가 직접적으로 링크한다. 플레이어는 현실 세계와 겹쳐진 게임 속 가상 세계를 자신의 두 발로 직접 탐험하면서 전 세계에 서식하는 다양한 포켓몬을 수집하고 특정 지점에 설치된 체육관에서 대전을 즐기는 등 게임 속 포켓몬 트레이너가 하는 일을 고스란히 할 수 있다. 이처럼 GPS와 AR로 현실 세계와 가상 세계를 연결하여 플레이어에게 게임 속 세계를 활보하는 감각을 부여하는 것이 바로 기존 시리즈와 구분되는 제일 큰 특징이다. 그러나 신기술의 도입만이 〈포켓몬GO〉를 세계적인 사회현상으로 만들었다고 단정할 수는 없다.

닌텐도의 게임 철학과
포켓몬의 발전

 1977년 닌텐도(Nintendo)[4]에 입사한 '닌텐도 게임의 아버지' 미야모토 시게루(宮本茂)는 〈동키 콩〉외의 게임을 함께 개발하던 요코이 군페이(橫井軍平)를 스승으로 여기며─ 그가 말하던 '시든 기술의 수평사고(枯れた技術の水平思考)'라는 철학을 계승하여 개발 이념으로 삼았다. 시든 기술의 수평사고란 이미 주지된 기술을 이용하되 기존 개념에 사로잡히지 않는 사고방식, 즉 사물을 새로운 시각으로 보며 기존의 기술을 구사하여 새로운 것을 만들어내는 태도를 일컫는다.
 포켓몬 시리즈를 고안한 주식회사 '게임 프리크'의 사장 다지리 사토시(田尻智)가 '포켓몬'이라는 아이디어를 발전시킨 계기도 이 개발 이념과 상통하고 있다. 기술적인 면만을 살펴본다면 〈포켓몬GO〉이전에도 〈인그레스(Ingress, 2013)〉와 같이 GPS와 AR을 도입한 게임이나 〈콜로니얼 생활(コロニーな生活, 2009)〉[5]과 같은 현실 세계와 연동되는 수집 게임은 존재했다.

포켓몬 시리즈는 게임 플레이어가 작중의 소년이 되어 현대 일본과 흡사한 세계를 돌아다니며 다양한 몬스터들을 포획하여 도감을 완성시키는 롤플레잉 게임이다. 시리즈의 핵심은 수집, 육성, 교환, 대전이라는 4가지 요소이며 그 중 '통신을 통한 교환'이 다지리가 포켓몬의 핵심으로 여기는 키워드였다. 아직 도시화가 진척되지 않았던 어린 시절, 자연 속에서 곤충을 잡아 도감을 찾아보고 수집을 하던 그의 기억이 포켓몬의 근간을 구성하는 힘이 되었다. 또, 닌텐도의 게임용 기기 '게임보이'의 통신 케이블에서 '교환'이라는 가능성을 발견하였다. 이것이 바로 기존의 기술에서 찾아낸 포켓몬만의 새로운 시각이다. '시든 기술의 수평 사고'는 닌텐도 게임이 놀이로서의 즐거움을 획득하는 근본이며 포켓몬 시리즈는 이와 같이 흔들림 없는 게임 철학의 토대 위에서 만들어졌다.

 20여 년 동안 포켓몬 시리즈는 끊임없이 발전, 진화를 거듭하였다. 그래픽/사운드 업그레이드, 캐릭터 설정 강화, 대전 기능 개선, 타 플랫폼과의 통신교환, 근거리 통신에서 원거리 통신으로의 이행 등 하드웨어의 업그레이드에 따른 디테일 추가와 신기능을 개발하는 등, 외부적인 발전은 물론 내용도 충실해졌다. 또한 처음에는 관동 지방을 배경으로 했던 이야기의 무대도 시리즈를 거듭하며 성도 지방, 호연 지방, 신오 지방 등으로 이어지며, 2016년의 〈포켓몬GO〉

에서는 전 세계로 확장된다.

이와 같이 포켓몬 시리즈는 하드웨어와 소프트웨어라는 두 가지 축을 중심으로 끊임없이 진화하고 있으며 이 혜택을 받은 제일 큰 변화는 '포켓몬스터' 자체의 확장이다. 1996년의 초기작에서 151종이었던 포켓몬스터는 2018년 800종 이상으로 증가되어 수집 게임이자 캐릭터 게임으로서의 면모를 강화하고 있다.

현실과 허구를 가리지 않는 가상 캐릭터

포켓몬은 여타 RPG와 마찬가지로 평범한 인물인 주인공이 세계를 모험한다는 심플한 스토리를 기본으로 하고 있다. 물론 주인공이 모험을 통해 성장하고 목표를 달성한다는 기본적인 스토리 라인이 같을 뿐 세계관의 세부적인 설정(배경이 되는 시대나 물리법칙 등)은 다르다. 하지만 다른 작품과 포켓몬 시리즈의 제일 큰 차이는 수집 대상인 포켓몬스터의 존재이다.

특히 주목할 점은 무시무시한 용모를 지닌 괴물 '몬스터'

라는 단어의 이미지를 뒤집는 전략이 포켓몬 시리즈가 사람들에게 다가갈 수 있도록 하는 요소 중 하나라는 점이며, 포켓몬 시리즈의 인기 캐릭터 '피카츄'가 그 좋은 예이다. 물론 귀여운 캐릭터만으로 포켓몬의 세계관이 구성되는 것은 아니다. 윤겔라, 시라소몬, 홍수몬 등의 포켓몬은 일본 사회의 시대적 관심을 날카롭게 포착하고 있고, 고스트 속성의 포켓몬은 일본과 전 세계를 떠도는 민화와 설화, 도시 전설을 재구성하고 있다.

이처럼 포켓몬 시리즈는 사회와 문화에 대한 깊은 관심을 바탕으로 과거와 현재를 잇고 있으며 끊임없이 진화해왔다. 다양한 모델을 모티프로 하여 만들어진 포켓몬들은 『팔견전』의 보옥과 흡사한 몬스터 볼을 거쳐 『모모타로 이야기』처럼 주인공의 조력자가 되어 세계를 여행한다. 포켓몬은 일본 사회에 뿌리를 두고 인간과 사회에 대한 깊은 관심을 양분으로 삼아 태어났다. 그 결과 모든 사람이 애정을 가질 수 있는 친숙한 존재가 될 수 있었다.

포켓몬 시리즈가 제작되던 90년대 전반은 버블이 붕괴되어 사회 전체가 흔들리고 오움 진리교에 의한 테러 사건이 발생하였으며 노스트라다무스의 예언이 유행하는 등 세기말 감성이 문화 전반을 압도하고 있었다. 공중파에서는 〈기묘한 이야기(世にも奇妙な物語, 1990)〉[6]가, 소년만화는 〈유유백서(幽遊白書, 1990)〉가, 소녀만화는 〈나의 지구를 지켜줘(ぼくの地球を守っ

て, 1986)〉[7], 〈달의 요정 세일러문(美少女戦士セーラームーン, 1992)〉[8]이 전생 붐을 일으켰으며, CLAMP의 〈도쿄 바빌론(東京BABYLON, 1990)〉, 〈X(1992)〉가 컬트적인 인기를 끌고 있었다.

엔터테인먼트 전반에 지금 내가 살고 있는 인간 세계와 초현실 세계를 잇는 신비한 힘(환생, 운명, 숙명 등)이라는 키워드가 범람하고 있었고, 게임 역시 예외가 될 수는 없었다. 그것을 증명하듯 1990년을 전후로 하여 '지금 내가 있는 이곳'이 무너진다는 세기말의 정체모를 불안을 반영한 〈마더(MOTHER, 1989)〉[9]나 〈진 여신전생(真·女神転生, 1992)〉[10]과 같은 작품이 다수 발표되고 히트를 쳤다.

이들 작품은 현대 사회에서 불가사의한 힘에 희롱당하며 싸우는 등신대의 캐릭터를 채용하고 있으며, 동시에 적이 절대적인 악이었던 이전까지의 RPG와는 달리 적과 아군의 경계가 모호하다는 특징을 가지고 있다.

포켓몬 시리즈의 몬스터 역시 전설 속의 괴물뿐만 아니라 곤충류·동식물·무생물에서 자연 현상, 도시전설은 물론, 발매 당시에 생존하고 있는 유명인으로부터 모티프를 얻은 것까지 다양하다. 이처럼 우리 주변에 존재하는 만물을 '신비한 존재'로 만들고 때로는 그들을 아군으로 포섭한다는 관계성의 변화는 지금도 서브컬처 콘텐츠 속에서 빈번하게 그려지고 있다.

수집류 게임과
요괴의 미래

　2010년 전후부터 스마트폰, 태블릿 등의 스마트 디바이스가 보급됨에 따라 대부분의 게임 회사가 모바일게임, 소셜게임 제작으로 방향을 선회하거나 게임기용 게임과 모바일, 소셜게임 병행이라는 방침을 취하고 있다. 따라서 카트리지 등 기억매체의 수용능력 안에서 하나의 완결된 콘텐츠를 개발한다는 기존의 프로세스가 근본적으로 변화하여, 무한한 전자 공간 속에서 끊임없이 상상하고 확장되고 있다. 〈포켓몬〉처럼 장기간 축적된 콘텐츠로 폭발적인 파급력을 불러오지는 않더라도 '만물' 서랍을 열 수 있는 권리를 누구나 가지게 된 것이다.

　〈음양사(陰陽師)〉에는 2017년 1월 기준 80종 이상의 식신이 등장하고 있고, 〈요괴 백귀야행 혼~요계왕전기~(あやかし百鬼夜行 魂 ~妖界王伝記~)〉에서는 2018년 6월 기준 2,000종 이상의 요괴를 동료로 맞이할 수 있다.

　스마트 디바이스를 이용한 수집 게임은 기존 게임에 비해 다양한 캐릭터를 요구하고 지속적인 추가를 요하며, 기하급수적으로 늘어나는 이들 캐릭터가 각각 개성을 가지기 위해서는 충분한 스토리텔링이 필요하다. 그것을 위한 유효한 수단으로서 기존의 '알려진' 존재를 차용하는 방식이 흔히 사용되고 있다. 영웅이나 무장, 예술가, 범죄자 등의 인물은 물론 무기, 보물 등의 사물 의인화까지 스토리성이 있다면 어떤 것이라도 훌륭한 캐릭터가 될 수 있다. 그 중 현실의 권리[11]에 얽매이지 않으며 드라마틱한 스토리와 신비한 능력를 가지기 쉬운 요괴는 캐릭터 메이킹의 좋은 소재이다.

이전부터 서브컬처의 소재로 등장하던 요괴는 스마트 시대를 맞이하여 더더욱 밀접한 관계를 가지게 되었다. 기담이나 전설 속에 존재하던 요괴는 새로운 생명을 가지고 콘텐츠 속에서 움직이고 있다. 이러한 경향은 당분간 계속되며 다양한 시행착오를 거쳐 발전할 것이다.

1) 토가시 요시히로 원작의 만화로 교통사고로 죽은 남고생이 되살아나 영계의 탐정으로 활약하는 내용을 그리고 있다. 단행본 누계 발매부수는 5,000만 부이며 1992년부터 총 112화로 구성된 애니메이션이 후지TV계열에서 방영되었다.

2) 2013년 7월 11일에 주식회사 레벨파이브에서 발매된 닌텐도 3DS 전용 소프트 및 그것을 토대로 한 미디어믹스 작품군. 곤충채집을 하던 주인공이 요괴를 볼 수 있는 신기한 시계를 가지게 된 것을 계기로 요괴들과 친구가 된다는 이야기이다. 2012년 어린이 대상 만화잡지 「코로코로코믹」에 게재된 만화를 통해 최초로 공개되었다.〈요괴워치〉는 2014년 유행어 대상의 상위 10위권, 닛케이 트렌디가 고른 2014년 히트상품 2위에 랭크인되고 소학관 DIME 트렌드 대상에서 대상으로 선출되었다.

3) 2016년 5월을 기준으로 게임 소프트 누계 판매 수 2억 8천만 개 이상, 애니메이션 방영 대상국 95개국, 누계 시장 규모 4.8조엔 이상을 기록. 2016년 5월에 공개된 포켓몬의 규모에 관한 데이터집(www.pokemon.co.jp/corporate/data/)에서 발췌하였다.

4) 1889년 교토에서 화투를 만드는 야마우치 후사지로 쇼텐(山内房治郎商店)으로 시작되어 사명을 수차례 개명하면서 트럼프, 광선총, 복사기, 게임기 등 다종다양한 제품을 만들었다. 1997년 미야모토 시게루의 입사를 계기로 게임 회사로서의 행보를 시작하였다.

5) 주식회사 콜로플라(COLOPL, Inc.)가 서비스하는 위치 기반 브라우저 게임으로 가상공간 '콜로니'를 발전시키는 시뮬레이션 게임이다. 2009년부터는 콜로플라와 연계한 총 200개의 점포 혹은 시설에서 쇼핑을 하면 선물을 입수할 수 있게 되었다.

6) 1990년 4월 19일부터 후지TV에서 방송된 옴니버스 드라마. 현재도 매년 봄, 가을에 특별편을 방송하고 있으며 한국에서도 리메이크 방영되었다. 매화 이야기의 주인공들이 겪게 되는 기묘한 사건을 다루고 있다.

7) 달에서 지낸 전생의 기억을 가진 등장인물들의 사랑을 그린 근미래 SF로 1993년에 애니메이션화되었다.

8) 다케우치 나오코의 만화 혹은 그것을 원작으로 하는 작품군을 말한다. 달나라 공주의 환생인 여주인공이 전사로 각성하여 동료들과 함께 요마를 퇴치한다는 스토리로 애니메이션, 뮤지컬, 드라마 등 다양한 매체로 리메이크되었다.

9) 현대(1988년)의 미국과 흡사한 세계를 무대로 하고 있는 롤플레잉 게임. 주인공은 신의 계시나 운명적인 대사건이 아닌 폴터가이스트라는 초자연 현상을 계기로 모험을 떠난다.

10) 인간 세계와 초현실 세계가 혼재하는 1990년대의 도쿄 기치조지를 무대로 분투하는 10대 소년·소녀들의 이야기를 다룬 롤플레잉 게임.

11) 2000년 12월, 이스라엘의 초능력자 유리 겔러가 포켓몬에 등장하는 '윤겔러'가 초상권을 침해했다는 이유로 닌텐도에 6,000만 파운드의 손해배상금을 청구하였다.

6. 고전에서 찾아보는 포켓몬스터의 성공비밀*

편용우

* 이 글은 2018년 10월 「일본언어문화」에 게재된 논문 「ポケモンの人気の理由と日本古典文芸の拡張性」를 책의 성격에 맞게 고쳐 쓴 것이다.

편용우

닌텐도는 세계 굴지의 게임회사이다. 태생이 화투를 만드는 회사이니 게임·엔터테인먼트 쪽으로는 세계 최고라 해도 과언이 아니다. '소니'의 플레이스테이션, '마이크로소프트'의 X-BOX 중에서도 단연 개성이 넘친다. 이러한 닌텐도의 특징은 홈페이지에 소개되고 있는 사장의 인사말에도 잘 드러나 있다.

> 시대에 맞추어 유연하게 자신을 변화시켜, '오락은 다른 것과 다르기에 가치가 있다'고 하는 '독창(獨創)'의 정신을 소중히 여겨 고객들이 긍정적인 의미에서 놀랄 수 있는 상품과 서비스를 제공하겠습니다.

'시대에 맞추어 유연히', '오락은 다른 것과 다르기에 가치'라는 말은 항상 위(Wii)와 같이 상식을 뛰어넘는 형태의 게임으로 전 세계의 주목을 끌었던 닌텐도의 생각을 알 수 있는 표현이다.

그러한 의미에서 〈포켓몬스터〉와 닌텐도 게임보이의 만남은 포켓몬이라는 새로운 형태의 게임 시장을 키웠고, 〈포켓몬GO〉라고 하는 새로운 형태의 게임이 등장할 수 있는 밑거름이 되었다.

2016년, 출시되는 국가마다 화제를 몰았던 게임 〈포켓몬GO〉의 인기는 예전만 못하다고는 하지만 아직까지 많은 유저들이 이용하고 있다. 사실 이 게임의 주인공이 세상의 빛을 본 것은 어제오늘의 일이 아니다. 이 몬스터들은 1996년 2월 27일에 게임으로 탄생했으니, 벌써 20년이 훌쩍 넘었다.

몬스터들이 게임으로 태어난 1996년. 세대에 따라서는 〈응답하라 1996〉과 같은 텔레비전 드라마에서나 접했을 만한 시대에 어떤 일이 있었을까. 2월에는 IBM 인공지능 컴퓨터 '딥블루'가 인간에게 도전하여 4대 2로 지기는 했지만, 2승을 따내며 인공지능의 희망을 보는 사건이 있었다. 2016년 구글의 '알파고'가 인간에게 바둑을 이겼으니 실로 인공지능의 발전 속도가 놀라울 따름이다. 5월에는 2002년 한일월드컵 개최가 결정되었다. 10월에는 대한민국이 OECD에 가입하여 선진국 진입의 첫 발걸음을 내딛었다. 개인적으로는 서태지의 은퇴가 기억에 남았던 해이다.

한편 닌텐도는 아케이드 시장에서 실력을 키운 후 패미컴을 출시하여 일본시장을 석권한 후(포켓몬 탄생 10년 전) 1985년에는 미국 시장에 진출하여 승승장구하고 있었다. 아이러니하게도 그 당시 미국에서는 비디오게임 시장이 죽었다는 인식이 지배적이었다. 비디오게임 업계의 대장격인 '아타리'가 1984년에 워너커뮤니케이션으로 인수되고, 비디오게임에서 컴퓨터게임으로 사업을 전환한 상태였다. 그러한 와중에 닌텐도는 미국 시장을 개척해 1988년 한 해 동안 980만 대의 게임기를 팔아 17억 달러의 매출액을 올린 것이다.

미국에서 닌텐도의 성공을 이끈 게임으로는 〈동키 콩〉과 〈슈퍼마리오〉를 빼놓을 수 없다. 〈동키 콩〉은 마리오가 동키 콩에게 잡혀간 여자 친구를 구하는 내용이다. 그리고 여기에서 독립한 마리오가 주인공으로 등장해 쿠파에게 납치되어진 피치 공주를 구하는 내용이 〈슈퍼마리오〉이다. 이처럼 닌텐도는 다양한 게임을 내놓는 한편 자신만의 세계를 확실히 구축하여 소비자들에게 확실한 인식을 심어주었다. 당시 미국에서는 닌텐도 이름은 몰라도 '마리오 게임이 돌아가는 새로운 게임 시스템을 달라'[1]고 했다고 하니, 〈슈퍼마리오〉를 통한 닌텐도의 이미지 구축은 성공했다고 할 수 있다.

이후 마리오와 동키 콩은 〈슈퍼마리오〉 시리즈 및 다른 닌텐도 게임에도 카메오로 등장하는 등 다양한 형태의 게임으로 만들어지고 있다. 〈포켓몬스터〉의 제작자 다지리 사토시(田尻智)도 슈퍼마리오 공략집을 만들다가 '게임프리크(GAME FREAK)'사를 설립하고, 〈마리오와 와리오〉를 만들었으므로 마리오가 없었다면, 아니 닌텐도가 없었다면 〈포켓몬스터〉는 이 세상에 태어날 수도 없었다. 〈포켓몬스터〉에도 슈퍼마리오와 관련된 캐릭터 등이 등장하는 것은 유명한 사실이다.

포켓몬스터는 게임과 만화, 애니메이션, 빵, 완구 등 캐릭터와 관련된 모든 산업 분야에 진출하여 매우 바쁜 나날을 보내고 있다. 흔히 말하는 '원 소스 멀티 유즈(One source multi use)' 산업인 것이다.

원 소스 멀티 유즈 산업이 강세인 것은 미국이다. 〈스타워즈〉부터 〈슈퍼맨〉, 〈X-MAN〉 등 만화부터 시작해서 영화, 완구, 놀이동산까지 산업을 체계적으로 키워나가는 것이 미국의 특징이다. 그러나 의외로 원 소스 멀티 유즈 산업이 일본의 고전문예 산업과 비슷한 면이 많이 보인다. 필자의 전공이 고전이니만큼 일단 그 이야기부터 해야겠다.

'원 소스 멀티 유즈'의 시작 – 일본의 에도시대

'원 소스 멀티 유즈'는 하나의 콘텐츠를 다양한 장르와 형태로 만들어 판매하는 방식이다. 서로의 마케팅 비용을 최소화할 수 있고, 이미 성공한 콘텐츠를 활용한다는 점에서 실패에 대한 부담이 적은 것이 특징이다. 게임에서 시작되어 만화와 에니메이션, 완구와 캐릭터 사업까지 문화사업의 전방위로 퍼져 그 영향력을 배가 시키고 있는 〈포켓몬스터〉야 말로 '원 소스 멀티 유즈'가 가장 잘 실현된 콘텐츠라고 할 수 있다.

일본에서 '원 소스 멀티 유즈'라는 개념이 구체화되고 상품화된 것은 일본의 에도시대(江戸時代, 1603~1867)이다. 에도는 지금의 일본 수도 도쿄(東京)의 옛 지명이고, 에도시대란 도쿠가와 이에야스(德川家康)가 에도를 정치적 수도로 정하여 전국을 실질적으로 통치하기 시작하여 400여 년간 계속된 시대를 가리킨다. 에도시대 문예의 특징은 발달한 상인문화를 바탕으로 다양한 상업소설과 공연 예술이 성행했다는 점이다. 연극으로 성공한 작품이 소설·이야기 예술인 라쿠고(落語)·컬러 판화 중심의 우키요에(浮世絵) 등 다양한 장르에서 새로운 시장을 창출하는 식이다.

1748년에 처음 상연된 〈가나데혼 주신구라(仮名手本忠臣蔵)〉라는 인형극은 초연 이후 현대에 이르기까지 매해 상연되고 있으며 다양한 장르로 재탄생되었다. 이 작품은 실제로 있었던 복수 사건을 각색한 것이다. 8월에 시작된 인형극은 11월까지 이어졌고, 같은 해 12월에는 배우가 연기하는 가부키(歌舞伎)로 이식되어 역시 큰 인기를 끌었다. 이후 〈가나데혼 주신구라〉의 인형극 대본이 출간되고, 등장인물로 분한 가부키 배우들의 컬러그림이 팔리는 등 다양한 분야에서 상품을 만들어 냈다.

이처럼 '인형극→연극→대본→컬러그림'이라는 다른 산업에의 영향 및 파생은 '원 소스 멀티 유즈'의 전형적인 형태이다.

그렇지만 이게 전부는 아니었다. 〈가나데혼 주신구라〉는 한두 사람의 주인공으로 이루어진 복수극이 아니라, 주군의 복수를 하는 47인의 무사들과 그 복수를 돕는 몇몇의 서민들이 모두 주인공이라 할 수 있다. 주인공들은 복수를 하려는 쪽과 복수를 방해하려는 선과 악으로 나뉘어 대립하며 다양한 스토리를 만들어낸다. 〈가나데혼 주신구라〉의 인기는 단순히 작품을 재연하는 데에 그치지 않고, 수많은 파생작품과 새로운 스토리를 만들어내기 시작한다. 47인 한 명, 한 명을 주인공으로 본편에서는 다루지 않았던 비하인드 스토리를 그리거나, 복수에는 가담하지 못했던 또 다른 가상의 인물이 주인공이 되어 복수를 몰래 돕는 내용이 그것이다.

이 시대 문예의 또 다른 특징은 하나의 작품이 널리 인기를 얻는 과정에 제작자와 공급자는 물론 독자나 관객들 역시 적극적으로 참여한다는 점이다. 연극의 성공으로 인해 연극대본이 출간되고 사람들은 돈을 주고 연극대본을 구입하거나 대여점에서 빌려 읽고 필사를 했다. 독자들은 단순히 책을 읽기 보다는 배우들을 흉내 내고 극 속의 노래를 따라 부르고, 경우에 따라서는 학원에 돈을 내고 배우는 적극적인 사람들이 있었다.

지금의 톱스타 아이돌과 같은 위치였던 가부키 배우들의 일거수일투족은 패션에 민감한 사람들의 표적이 되었다. 사람들은 등장인물이 입었던 무늬의 옷을 입고, 머리 모양을 흉내 내기도 했다. 〈가나데혼 주신구라〉의 인기가 연극을 넘어 출판, 교육, 패션에까지 영향을 미치는 것이다. 그뿐이 아니다. 사람들은 배우들의 브로마이드를 샀으며, 배우들을 후원하는 화장품 가게에서 화장품을 사기도 했다. 에도 후기에는 가부키 배우가 목욕한 물을 조그만 유리병에 담아 팔기도 하였다.

이러한 '원 소스 멀티 유즈'가 가능했던 것은 각 산업이 밀접한 관계를 맺고 있기에 가능했다. 연극은 작가와 음악가, 배우가 동시에 만들어 가는 종합 엔터테인먼트 산업이다. 연극의 관람객들에 의한 대본의 수요를 예상한 출판업자들은 각 음악가의 집안과 전속 계약을 맺어 '정본(正本, 쇼혼)'이라는 형태로 출판을 이어갔다. 그리고 대본 작가들 역시 연극으로 상연한 작품이 인기를 얻자 동일한 내용의 소설로 각색해 출판하였다. 작가·음악가와 출판업자는 가장 끈끈한 동업자 관계였던 것이다.

우키요에의 인기에 기름을 부은 것은 18세기 후반의 여행 붐이다. 사람들은 지방의 온천에 가기도 하고, 신사(神社)를 방문하기도 했다. 그리고 고향으로 돌아갈 때 선물을 사서 돌아갔다. 지방 사람들은 각종 이유로 에도에 여행 또는 출장을 왔는데 돌아갈 때 인기가 있던 선물이 컬러 그림이다. '우키요에(浮世絵)'라고 불리는 이 컬러 판화는 풍경화부터 인물화까지 다양한 소재였는데 단연 가부키 배우의 그림이 인기가 높았다.

당시 극장은 에도와 오사카(大坂), 교토(京都)와 같은 대도시를 중심으로 발달했고, 인기 배우 역시 이러한 대도시 극장을 중심으로 활동했다. 때문에 지방에서 올라온 사람들에게 에도의 선물로 우키요에 만한 것이 없었던 것이다. 이에 화가들은 집단을 이루어 출판사와 계약을 맺고 판화를 대량 출판한 것이다.

상업이 발달했던 에도시대에 연극 산업은 막대한 돈이 오가는 첨단 산업이었다. 임금이 낮았던 에도시대에 특급 스타 한 명의 연봉이 지금의 1억 엔 정도였다는 것을 생각해보면 그 규모가 짐작될 것이다. 사람들의 인기가 있고 많은 돈이 움직이는 가부키와 관련된 산업에 많은 상업자본이 몰릴 수밖에 없는 구조였던 것이다.

일본의 애니메이션 산업이 완구업계와 협업을 통해 서로의 시장을 키워 나가는 과정 역시 에도시대의 극장, 출판 분야의 협업의 연장선상에 있다. 반다이(Bandai)의 계열사인 포피(Popy)는 일본의 영화 제작사인 도에이(東映)와 협력하여 〈가면라이더(仮面ライダー)〉의 변신벨트를 히트시키고, 〈마징가Z〉 프라모델 판매를 통해 일본 프라모델 업계의 왕좌를 차지했다. 이후 포피는 높아진 시장 지배력을 바탕으로 애니메이션의 제작 단계부터 참여하기에 이르게 된다. 완구 시장을 게임기가 잠식하면서 애니메이션과 게임, 완구, 만화는 같은 소스를 공유하는 동료가 된다.

〈포켓몬스터〉는 게임으로 발매와 거의 동시에 만화가 연재되고, 1년 만에 애니메이션화되었으며, 각종 완구 및 카드게임이 발매되었다. 한국에서도 사회적인 문제가 되었던 포켓몬 캐릭터 빵은 일본에서도 반향을 일으키며 지금까지 이어지고 있다.

빵 안에 동봉되어 있는 캐릭터 스티커를 모으기 위해 아이들이 스티커만 챙기고 빵은 버리던 사회적 문제는 사실 일본에서 먼저 있었다. 시작은 롯데가 1977년에 발매를 했던 '빗쿠리 맨(ビックリマン, 놀란 사람)'이라는 이름의 초코과자였다. 특히 1985년에 동봉되었던 '천사VS악마' 시리즈는 스티커에 스토리가 더해지면서 일약 아이들의 타깃이 되었다. 스티커를 꺼내고 과자를 버리는 학생들이 많아 일본 사회에서도 문제가 되었다.

이후에도 포켓몬스터, 아니 일본의 모든 캐릭터 산업은 소비자와 가까운 거리에서 다양한 상품을 내놓고 있다.

지속적인 인기 – 세계(世界)의 확장성

〈포켓몬스터〉가 오랫동안 사랑 받을 수 있는 이유는 산업구조 뿐만은 아니다. 〈포켓몬스터〉가 가지고 있는 특징. 즉 세계의 확장성에 있다. 일본은 전통적으로 새로운 문예작품을 만들어낼 때 '세계(世界)'와 '취향(趣向)'이라는 두 개념이 바탕이 되었다. 작품 속에서 등장인물들이 살아가는 세상 및 배경, 사상을 '세계'라고 하고, 작품 하나하나에 가해지는 작가 고유의 아이디어를 '취향(아이디어)'이라고 한다. '세계'란 흔히 이야기하는 '세계관'과 비슷하다. DC코믹스의 히어로들이 같은 세계관을 공유하고 마블코믹스의 히어로들 역시 서로 같은 세계관을 공유하는 것과 비슷하다고 할 수 있다. 단지 일본의 전통적인 문예작품들은 서로 다른 작가들에 의해 긴 시간을 두고 같은 세계관을 공유해 왔다는 것이다.

예를 들어 DC코믹스의 슈퍼맨의 세계관을 빌려와 슈퍼맨의 옆집에 사는 사람의 이야기를 다루는 식이랄까. 슈퍼맨의 옆집에 사는 A씨는 평범한 샐러리맨으로 회사에서 출세하기 위한 회사원들 간의 암투를 블랙 코미디로 그리는 것이다. 슈퍼맨 이야기는 회사원들이 잡담을 할 때 가끔 화제에 오르지만, 어디까지나 배경으로 등장하는 것이다. 이런 경우 슈퍼맨이 살아가는 메트로폴리탄이 '세계', 셀러리맨과 암투라는 요소가 '취향'이라고 할 수 있다.

일본의 전통문예에 있어서 '세계'와 '취향'이라는 두 가지 개념은 전통 시가(詩歌)인 와카(和歌)에서 시작되었다고 할 수 있다. 와카란 5·7·5·7·7이라는 음수율을 가지는 정형시이다. 와카에는 독특한 언어 사용과 세계관이 존재한다. 예를 들어 와카에서는 '개구리'라는 동물을 즐겨 읊고 있는데, 우리가 생각하는 폴짝폴짝 뛰어다니고 시끄럽게 울어대는 이미지가 아니다. 와카의 세계에서는 모습을 숨긴 채 우는 소리만 들려주는 존재이다. 작가들은 이러한 와카적 지식을 바탕으로 자신만의 아이디어, 즉 '취향'을 덧붙여 새로운 와카를 창조하는 것이었다.

일본의 고전 문예는 크게 중세 이전에 창작된 귀족·무사들의 문예와 근세(에도시대) 이후에 창작된 서민문화로 나눌 수 있다. 에도시대 이후의 작품들은 중세 이전에 성립된 고전 문예의 세계관을 바탕으로 당대에 맞는 아이디어를 첨가하고 등장인물들을 주변에서 흔히 볼 수 있는 인물로 바꾸는 등의 취향을 더해 새로운 작품을 만들어냈다.

앞서 예로 들었던 〈가나데혼 주신구라〉 역시, 작품의 세계는 중세시대에 성립된 『태평기(太平記)』이지만, 등장인물들은 에도시대의 복장이나 행동을 하고 주군의 복수라는 하나의 목표를 향해 노력하는 당대(에도시대)의 인물들이다.

이와 같이 하나의 작품이 시대가 바뀌고 가치관이 바뀌어도 계속해서 이용되는 까닭은 높은 작품성과 보편적인 가치를 표현한다고 하는 고전작품에게 공통적으로 거론되는 이유 말고도 작품이 가지는 높은 확장성 때문이다.

확장성 요인의 하나로는 다양한 개성 있는 등장인물을 들 수 있다. 등장인물이 많다는 것은 일본 고전문예의 대표적인 특징 중 하나이다. 중세의 전쟁이야기를 기록한 『태평기』는 주요한 무장(武將)만 하더라도 100명이 넘게 등장한다. 1992년부터 2006년까지 발간된 시오노 나나미(塩野七生)의 『로마인 이야기』(新潮社)가 일본에서 인기 있었던 것은 일본과 로마가 다신교라는 공통점이 있기 때문이다. 일본의 신은 8만신이라고 일컬어질 정도로 다양한 신이 존재하고 로마 역시 로마신화에서 보여지 듯 수많은 신이 존재하고 있다. 다신교라는 점도 일본의 문예에 많은 캐릭터가 등장하는 하나의 이유라면 이유일 것이다.

그러나 다신교 이외의 이유를 생각해 보자면, 일본 고전문예의 저변에 흐르고 있는 '약자 편들기'이다. 일본의 문학용어로는 '호간 비이키(判官贔屓)'라고 하는 '약자 편들기'는 겐페이 전투(源平合戰, 1180~1185)에서 형을 도와 정권수립에 가장 큰 공을 세우고도, 형에게 버림을 받아 비참한 최후를 맞이했던 미나모토노 요시쓰네(源義経, 1159~1189)에 대해 느끼는 일본사람들의 연민을 가리키는 말이다.

이러한 '약자 편들기' 혹은 '패자 편들기'는 일본의 전통문예가 승자와 동등한 비중으로 패자의 이야기를 다루는 한 요인으로 작용했을 것이다. 이 '약자 편들기'가 약자와 패자에 대한 자세한 기록으로 남게 되었고, 결과적으로는 다양한 인간 군상이 작품 속에 등장하게 되었던 것이다.

현대 일본 사회에서 '약자 편들기' 현상을 가장 잘 느낄 수 있는 것이 연말에 방송되는 각종 TV다큐멘터리이다. 주로 스포츠 관련 프로그램인데, 전국대회에서 중상위권 팀에 대해 대회 준비 및 대회 일정을 밀착 취재해 얼마만큼 치열하게 준비하고 얼마나 처절하게 시합에서 졌는지를 집중 조명하는 내용이다.

또 하나는 프로야구에서 매년 전력 외로 방출되는 선수들을 찾아가 그 고통과 희망에 대해 덤덤하게 카메라에 담아내는 다큐멘터리이다. 이러한 프로그램들은 화려한 스포트라이트를 받는 승자 뒤의 사람들에게 초점을 맞추어 시청자들의 눈물을 자아내는 것이 1차적 목표일 수 있으나, 그와 더불어 다양한 캐릭터들을 그려내고 있는 것이다.

이렇게 많은 캐릭터가 존재하고 있기 때문에, 일본의 전통문예 작품은 한두 사람의 주인공에 의존하지 않고, 개성이 강하고 각자의 스토리를 가진 인물들이 옴니버스 형식으로 등장하며 하나의 큰 '세계'를 형성할 수 있는 것이다. 『태평기』에서 파생한 〈가나데혼 주신구라〉 역시 기존의 인물에 새로운 성격 및 해석을 추가해 독자적인 '세계'를 형성하게 되었다. 이처럼 하나의 세계에서 또 다른 세계가 생성되고, 성장해 또 다른 세계를 낳는 시스템이 일본의 고전문예를 형성하였다고 할 수 있다.

개성적인 캐릭터의 확보가 지속가능한 세계를 가능하게 한다면, 몬스터가 무한정 추가되는 〈포켓몬스터〉야말로 세계의 확장성 측면에서는 가장 높은 점수를 받을 것이다. 초기에는 151종에 불과했던 포켓몬스터는 세대를 거듭하며 추가되어 2018년 약 800여 종에 이르고 있으며 앞으로도 계속 추가될 것이다. 이러한 세계의 확대는 일본전통 문예의 형성 과정과 무관할 수 없다.

〈포켓몬스터〉의 개발자 다지리 사토시는 어렸을 때 즐겼던 곤충 채집에서 게임의 영감을 얻었다고 한다. 곤충도감을 보고 새로운 곤충을 발견하는 즐거움은 몬스터를 몬스터볼로 포획하는 아이디어로 연결되었을 것이다. 곤충은 지금까지 알려진 개체 수만 해도 150만이고 매년 2~3천 종의 새로운 개체가 보고되고 있다고 하니, 〈포켓몬스터〉 역시 그 끝을 짐작하기 어렵다.

일본의 장수 만화나 애니메이션에도 이러한 세계의 확장성이 크게 작용한다. 〈원피스〉에는 루피를 비롯한 조로, 나미, 우솝, 상디, 로빈 등 밀짚모자 일당에서부터 빨간머리 해적단이나 흰 수염 해적단 등 바다를 항해할수록 매력적인 인물들이 추가되고 있다. 전 우주를 다 동원해서 최강의 캐릭터를 모으는 것도 부족해 저승까지 세계를 확장했던 〈드래곤볼〉은 말할 필요도 없을 것이다.

그렇다고 무작정 캐릭터만 늘린다고 해결될 수 있는 문제도 아니다. 과거 〈드래곤볼〉의 문제점은 계속해서 강한 상대와 대결을 하며, 결국에는 손오공이 그 강한 상대를 뛰어넘는 힘을 가지게 되는 것이었다. 한 에피소드가 끝날 때마다 더 강한 상대가 등장하는 설정에 때문에 스토리가 진행될수록 무리한 전개가 될 수밖에 없었다.

〈포켓몬스터〉는 그러한 문제점에서는 자유로운 편이다. 물론 기본적으로 지우가 몬스터들을 모으며 강해지는 것은 다른 애니메이션과 같은 설정이지만, 〈포켓몬스터〉는 제목 그대로 몬스터들의 비중이 높은 편이다. 약 800여 마리의 몬스터들은 각자 전투를 통해 성장을 하고 진화를 한다. 각 몬스터들은 서로의 특성이 있기 때문에 손오공과 같은 절대적인 몬스터가 존재하지 않는 것이다.

수집, 육성, 대결, 교환

〈포켓몬스터〉 홈페이지에는 포켓몬스터 게임의 특성을 '수집', '육성', '교환', '대결'의 4가지로 정리하고 있다.

'수집'과 '육성'은 일반적인 롤플레잉 게임(RPG)에서 볼 수 있는 요소이다. 아이템을 모으고 레벨업을 통해 점점 강해지는 시스템이야 말로 롤플레잉 게임의 기본이라고 할 수 있다. 또 '교환'은 당시 닌텐도가 게임링크 케이블로 아이템을 교환하는 게임을 생각하고 있던 때와 맞아떨어졌기도 하다. 게임기 시장을 컴퓨터 게임이 점점 잠식해가고 있을 때, 컴퓨터 게임의 장점인 인터넷을 이용한 타 플레이어와의 연결을 적극적으로 받아들일 필요가 있었다. 이러한 시대적 요구를 받아들이고, 게임 속에서 구현했던 것이 입소문을 불러일으켰고 자연스러운 마케팅으로 이어졌다.

'수집'과 '교환'은 비단 게임 속에서만 행해지는 것이 아니다. 앞서 스티커를 예로 들었듯이 사람들은 실생활에서 다양한 포켓몬 스티커를 모으고 부족하거나 남는 스티커들을 친구와 교환하였던 것이다. 어쩌면 〈포켓몬GO〉의 가능성을 이 스티커에서 보았을 수도 있다.

'수집'과 '교환'은 에도시대 중기부터 종종 개최되었던 '물산회(物産会)'에서 그 모습을 엿볼 수 있다. '물산회'란 본래 약초를 연구하는 본초학자(本草學者)들이 1762년 에도에서 모여 약품 등의 전시를 한 것이 그 시작이다. 주최자는 일본 역사 속에서도 괴짜라고 불리는 히라가 겐나이(平賀源内)이다. 히라가 겐나이는 출품된 약품 등의 목록을 정리해 책으로 출판하기에 이르렀다. 이후 전국 각지에서 비슷한 모임 및 전시회가 유행처럼 개최되었는데, 사람들은 이제껏 알려지지 않았던 신기한 약품이나 광물, 생산물들을 물산회에 출품했고, 주최자는 그 목록 및 그림을 책으로 엮어 출판하는 시스템이 정착되었다.

어찌 보면 새로운 도감을 완성하기 위해 전국을 돌아다니며 몬스터를 찾아 모으는 지우의 모습은 에도시대 새로운 약초와 광물을 찾아다니던 본초학자들의 모습과 비슷한 면이 있는 것이다.

'대결' 역시 롤플레잉 게임이나 전략시뮬레이션 게임에서 흔히 볼 수 있는 형태 중의 하나이지만, 〈포켓몬스터〉는 다른 게임과는 조금 다른 대결 형식을 취하고 있다.

사실 '대결'은 일본 만화와 게임의 큰 특색 중의 하나이기도 하다. 허영만은 〈식객〉이라는 만화를 연재하면서 동아일보와의 인터뷰(2002년 8월 27일)에서 다음과 같이 말했다.

> 음식 이야기야 글로 써도 되는데, 나는 만화적 상상력을 가진 사람이니 이걸 어떻게 만화로 표현해 볼까 늘 이런 생각이 있었다. 그러다 〈맛의 달인〉, 〈미스터 초밥왕〉 같은 일본 만화를 접하면서 구체적인 영감을 얻었다. (생략) 일본 만화처럼 주인공들의 대결 구도가 아닌, 따뜻하고 속살이 보이는 음식 만화를 그려 보이겠다.

30년 동안 만화를 그린 대가 허영만의 눈에 보인 일본 만화의 특징은 '대결'이었다. 도리야마 아키라(鳥山明)가 〈드래곤볼〉의 기본적인 이야기를 『소년점프』에 연재했을 때 반응이 시원치 않자, 편집자가 주인공들의 대결, 즉 배틀 요소를 집어넣을 것을 요구했고, 이를 수용하니 작품의 인기가 올라갔다는 일화도 있다. 이를 보면 대결이라는 요소는(적어도 일본내에서는) 흥행의 보증 수표였다.

일본에는 예로부터 반즈케(番付)라는 것이 있었다. 본래 스모(相撲)라고 하는 전통 씨름에서 쓰이는 순위표를 가리켰으나, 이후 이 형식을 흉내 내어 다양한 순위표를 발간하고는 했다. 반즈케는 보통 에도(도쿄)의 동(東)과 교토·오사카의 서(西)로 나누고 있는데, 같은 순위의 한 명 한 명을 대조할 수 있어 표 안에서 가상의 대결을 펼쳐볼 수 있다. 음식점부터 온천지, 부자 순위까지 다양한 순위표가 발간이 되었으므로, 일본 사람들은 반즈케를 통해 다양한 분야의 가상 대결을 했던 것이다.

사실 대결이라는 장르는 게임 분야에서 이미 그 흥행성을 인정받고 있었다. 1976년에 세가가 최초로 개발한 〈헤비급 챔피언(Heavyweight Champ)〉이 그 시작이나, 1985년의 〈가라테(空手)〉의 큰 성공으로 대결게임, 즉 대전게임은 하나의 게임 장르로 자리 잡은 것이다. 이후 〈스트리트 파이터II(Street fighterII)〉, 〈버추어 파이터(Virtual Fighter)〉로 기술적인 발전을 거듭했다.

하지만 〈포켓몬스터〉는 다지리의 곤충채집 경험을 살려, 플레이어가 게임 속의 공간을 돌아다니면서 획득한 몬스터를 이용해 대전을 벌이고, 대전 이후에도 플레이어와 몬스터가 살아남는 방식을 취하는 점에서 차별화된다. 그리고 플레이어의 캐릭터가 직접 싸우는 대전게임과는 달리 트레이너라고 불리는 플레이어 대신 몬스터가 대리 베틀을 한다는 점이다. 이는 1987년에 미국에서 폭력성 시비에 휘말린 경험이 있고, 1993년에 미국 의회에서 폭력게임에 관한 청문회에서 '세가'를 공격했던 '닌텐도'로서는 폭력성이 약한 〈포켓몬스터〉의 이러한 점이 마음에 들었을 것이다.

● 포켓몬, 닌텐도와 만나 자연과 어울리다

이제 포켓몬스터는 게임기 속에서 나와 자연을 달리고 있다. 증강현실이라는 새로운 기술을 만나 가능했던 일이다. 예전에 비디오게임은 가만히 앉아서 키패드와 키보드를 두드리는 이미지가 있었다. 친구들과 어울리지 못하게 하고 자신만의 세계에 가둬두는 게임을 비난하는 목소리가 거셌다. 하지만 그러한 게임의 이미지를 바꾼 것이 '위(Wii)'라는 게임기였다. 가족과 친구끼리 모여 컨트롤러를 들고 몸을 이리저리 움직이는 게임에 대해 각종 찬사가 이어졌다. 그리고 이제는 그것도 모자라 게임기(휴대폰)를 들고 자연으로 뛰어나가 가상현실 속의 몬스터를 잡으러 다닌다. 처음부터 곤충 채집이라는 콘셉트를 바탕으로 하고 있는

〈포켓몬〉으로서는 〈포켓몬GO〉가 가장 이상적인 게임형태일 수 있다. 그리고 이는 조이스틱과 패드로 조절하던 게임 세상을 'Wii'라는 게임기를 통해 온몸으로 조절할 수 있게 바꾸었던 '닌텐도'라는 바탕이 있었기에 가능했다.

비록, 여기저기서 많은 문제점이 지적되고 위험성이 논의되고 있지만, 게임 산업의 변화에 한 획을 그은 게임이라는 점에는 이변이 없을 것이다. 그리고 그 중심에 다시 '닌텐도'가 있다는 점은 의미심장한 일이다.

---

1) 스티븐 켄트 저, 이무연 역, 『게임의 시대 - 재미를 쫓는 천재들의 숨은 비즈니스 찾기』 파스칼북스, p.284, 2002.

Epillogue

– 고영란 –

2016년 '나이앤틱'이 개발한 〈포켓몬GO(Pokémon GO)〉는 iOS 및 안드로이드용 부분 유료화 위치 기반 증강현실 게임이다. 이 게임 하나가 일본 국내는 물론 바다 건너 전 세계의 남녀노소를 매료시키고 흥분케 하며 때로는 각국의 주요 뉴스 기사거리가 될 정도였다면, 그 파급력이 어느 정도였는지 짐작하기 어렵지 않다. 물론 나이앤틱은 세계적 기업 '구글'에서 독립했고 미국 캘리포니아에 있는 회사이기에 〈포켓몬GO〉를 일본 게임이라고는 할 수는 없다. 하지만, 기술적인 면을 떠나 게임의 내용은 〈포켓몬스터〉라는 일본 애니메이션에서 출발했음을 부정할 수는 없다. 〈포켓몬GO〉라고 하는 기상천외한 스토리텔링이 가능한 문화의 연원이 무엇이고 그 문화는 어떠한 역사를 거쳐 왔는지, 체계적이고도 섬세하게 이해하고자 하는 것이 바로 이 글들이 지향하는 바다.

특별히 제2권은 일본의 요괴문화가 어떻게 상품화되었는지, 문화적 배경과 함께 살펴보는 데에 주력했다.

첫 번째 글인 "캐릭터화된 일본의 요괴문화"는 '문화란 무엇인가'에 대한 근원적인 질문으로 시작하여 일본 전통문화 속의 요괴문화가 공존과 소통을 가능케 하였다는 점을 지적했다. 나아가 근대에 들어와 요괴문화가 새롭게 탈바꿈하고 이윽고 현대에는 기호로서의 요괴문화가 캐릭터 산업으로 연결되며, 결국 일본적 치유와 회복의 과정이 일본 요괴문화에 녹아있음을 담론화했다.

두 번째 글인 "일본 만화와 요괴 정복의 세계"는 〈포켓몬GO〉보다 앞선 일본 현대만화의 원조인 〈게게게의 키타로〉를 비롯하여 〈유유백서〉, 〈이누야샤〉 등 일본 요괴 만화를 구체적으로 소개했다. 이들 요괴 만화는 일본 현대문화가 이질적인 존재를 정복하고 표현하는 문화적 방법으로 이해할 수 있다.

세 번째 글인 "닌텐도의 힘"은 오늘날의 게임 〈포켓몬GO〉가 존재할 수 있도록 한 일본 게임문화의 배경을 상세하게 알려주었다. 특별히 '닌텐도'라는 게임 회사의 연혁을 구체적으로 살펴보며 일본 산업계와 게임업계가 어떻게 발전하고 오늘날의 성공을 구축해왔는지, 국내외의 기업가는 물론, 모든 업종의 종사자에게 시사하는 바가 많다.

네 번째 글인 "게임의 세계와 포켓몬GO"는 게임에 대한 상세한 설명과 함께, 게임의 장르와 하드웨어, 게임의 소재 및 장르, 증강현실에 대한 상세한 논의 등을 통해 게임 산업의 미래를 예단하고 가능성을 제시하고 있다. 게임 〈포켓몬GO〉를 통해 인문학자의 성찰을 더욱 깊이 한 글이다.

다섯 번째 글인 "스마트 시대와 요괴"는 〈포켓몬GO〉를 통해 철학적인 통찰과 사회적 분석을 겸한 글이다. 21세기 현재 인류에게 게임 산업이 무엇을 의미하고, 미래에 게임을 통해 어떠한 스토리텔링이 가능할지, 과거와 현재를 분석하여 미래를 발전적으로 제시한 보다 발전적인 문화평론이다.

여섯 번째 글인 "고전에서 찾아보는 포켓몬스터의 성공비밀"은 마지막을 장식하는 만큼 일본 요괴문화의 근원을 차근차근 설명한다. 에도시대에서 비롯된 '원 소스 멀티 유즈'와 '세계(せかい)의 확장성'을 논하여 일본 요괴문화의 심연을 들여다 볼 수 있고, 나아가 게임 〈포켓몬GO〉가 자연과 친화적인 것으로서 그 특징을 지적하여 무엇이 게임 〈포켓몬GO〉에 열광하게 하였는지, 체계적으로 이해할 수 있는 장을 마련했다.

한 국가의 혹은 지역의 문화는 끊임없이 변용되고 첨삭되며 필요에 의해, 혹은 권력에 의해 파급되고 수용된다. 게임 〈포켓몬GO〉가 갖는 파급력은 결코 권력에 의한 것이 아니기에, 현재 인류가 소비하기를 바라고 향수하기를 희망하는 요소를 내포하고 있다는 사실을 우리는 여섯 꼭지의 글을 통해서 충분히 이해할 수 있었다. 인문학자들이 모여 담소에서 시작된 내용이 훌륭한 한 권의 책으로 발전하기까지 선두에서 노고를 아끼지 않으셨던 김진영 박사님을 비롯하여 집필에 정성을 다한 모든 필자와 출판사 관계자 분들께 진심 어린 감사의 말씀을 올린다.

일본 요괴문화 상품이 되다

초판인쇄 2018년 12월 26일
초판발행 2018년 12월 31일
저   자 김진영, 고영란, 최태화, 방운학, 인단비, 편용우
발 행 인 권호순
발 행 처 시간의물레
등   록 2004년 6월 5일
등록번호 제1-3148호
주   소 서울시 마포구 마포대로 4다길 3(1층)
전   화 02-3273-3867
팩   스 02-3273-3868
전자우편 timeofr@naver.com
블 로 그 http://blog.naver.com/mulretime
홈페이지 http://www.mulretime.com
정   가 14,000원

ISBN : 978-89-6511-271-6 (94910)

* 이 책의 저작권은 저자에게 출판권은 시간의물레에 있습니다.
* 잘못된 책은 바꿔드립니다.

국립중앙도서관 출판예정도서목록(CIP)

일본 요괴 문화 상품이 되다 / 저자: 김진영, 고영란, 최태화, 방운학, 인단비, 편용우. — 서울 : 시간의물레, 2018
    p. ;   cm. — (더 파울린 프로젝트 ; 2)

ISBN 978-89-6511-271-6 94910 : ₩14000
ISBN 978-89-6511-268-6 (세트) 94910

요괴[妖怪]
문화 상품[文化商品]
일본(국명)[日本]

388.20913-KDC6
398.410952-DDC23   CIP2018043171